DIE MACHT DES GEISTES

AUSSERSINNLICHE WAHRNEHMUNGEN UND ANDERE PSI-ERLEBNISSE

W0105223

MOEWIG

Verlagsunion Erich Pabel – Arthur Moewig KG, Rastatt
© Little, Brown & Company (UK) Limited, London
Genehmigte Lizenzausgabe
Umschlagentwurf und -gestaltung:
Werbeagentur Zeuner, Ettlingen
Printed in Belgium 1994
Druck und Bindung: Proost Belgien
ISBN 3-8118-4158-0

Inhalt

Medien

*Im Bereich des Spiritismus und der Medien sind Lüge und
bewußte Täuschung weit verbreitet. Aber auch wenn
man die Schwindler entlarvt hat, verbleiben immer noch
sensitive Menschen, deren außergewöhnliche Kenntnisse
und Fähigkeiten sich mit unserem derzeitigen Wissen nicht
erklären lassen.*

Materielle Veränderungen durch mediale Kräfte

Das umstrittenste Gebiet in der Parapsychologie sind physikalische Medien, die durch rein geistige Vorgänge materielle Veränderungen bewirken. Berichte von klassischen Séancen – sowohl mit vorgetäuschten als auch mit echt paranormalen Erscheinungen.

Der Autor William Marriott, der sich mit der Entlarvung betrügerischer Medien befaßte, mit den „Materialisations"-Requisiten eines betrugerischen Mediums. Bei normalen Lichtverhältnissen und ohne die besondere Atmosphäre des Séanceraums sehen diese Tuchmasken lächerlich plump aus. Und trotzdem haben genau diese Fälschungen viele Zuschauer völlig verwirrt.

Es ist eigentlich ein Widerspruch in sich selbst, daß der Beweis für die Existenz übersinnlicher Phänomene meist in körperlicher und sinnlich faßbarer Form gegeben werden soll. Es mag deshalb auch als absurd erscheinen, daß Klopfen, Tischerücken und schwebende Trompeten Geisterwerk sein soll, aber solche Phänomene auf andere Weise zu erklären, überzeugt auch nicht immer. Es scheint jedoch, daß sie nur mit Hilfe oder im Beisein eines Menschen ablaufen, der als Bindeglied zwischen der Welt des übersinnlichen und unseres realen Seins dienen kann. Es ist erwiesen, daß es dafür besonderer psychischer Voraussetzungen bedarf.

Die Geisterkammer

Der amerikanische Farmer Jonathan Koons führte in den fünfziger Jahren des 19. Jahrhunderts Experimente als physikalisches Medium durch. Er behauptete, die Geister hätten ihm gesagt, er sei „das mächtigste Medium auf Erden", und nach ihren Anleitungen baute er einen kleinen Holzverschlag neben seinem Farmhaus in Ohio, so daß er und seine acht Kinder, die angeblich alle mit parapsychologischen Fähigkeiten ausgestattet waren, spiritistische Sitzungen abhalten konnten. Der Raum war mit Musikinstrumenten und anderen Gegenständen ausgestattet, mit denen die Geister spielen konnten. Dieser Raum ähnelte einem kleinen Theater, in dem bis zu 30 Zuschauer Platz fanden. Wenn sich das Publikum gesetzt hatte, drehte Koons das Licht aus und spielte auf seiner Geige bis unsichtbare Hände die anderen Musikinstrumente aufnahmen und spielten. Während des geräuschvollen Konzerts kreiste ein Tamburin über den Köpfen der Zuschauer, Trompeten schwebten durch die Luft und Stimmen sprachen. Geisterhände hielten phosphoreszierendes Papier, um einige Erscheinungen zu illuminieren. Koons baute auch eine „Geistermaschine" – einen komplizierten Apparat aus Zink und Kupfer, der, wie die Geister sagten, ihnen helfen würde, das für ihre physikalischen Demonstrationen benötigte Magnetfeld zu schaffen. Wenn dieser Apparat aktiviert wurde, konnten die Geister, so Koons, sich über die Gesetze der Schwerkraft und Kohäsion (der innere Zusammenhalt der Moleküle eines Körpers) erheben und z. B. schwere Gegenstände mit großer Geschwindigkeit bewegen und auf Musikinstrumenten spielen.

Nur ungefähr fünf Kilometer von Koons Farm hielten John Tipple und seine Kinder ohne Hilfe einer „Geistermaschine" ganz ähnliche Sitzungen in ihrem Geisterhaus ab, das ebenfalls nach Anleitung einer fernen Welt errichtet worden sein sollte.

Die Familie Koons konnte jedoch die Geister nicht lange wirken lassen. Jonathan Koons verlangte keinen Eintritt für seine Sitzungen, und es bestand auch kein direkter Anlaß, ihm Betrug vorzuwerfen. Aber obwohl sich der Spiritismus damals allgemeiner Beliebtheit er-

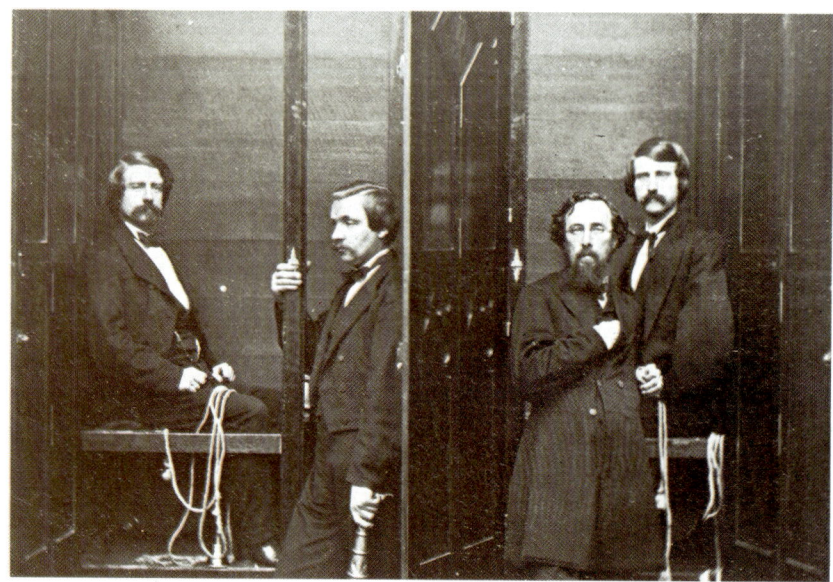

der Familie, zwei Brüder und ihre Schwester, damit, Tische rücken zu lassen, es wirkte schier unglaublich. Der Tisch bewegte sich, man hörte Klopfen, und ein Geist hatte angeblich über Iras Hand Macht ergriffen und Botschaften geschrieben. Es wird auch berichtet, daß die drei Kinder mindest einmal gleichzeitig frei schwebten. Bei einer ihrer spiritistischen Sitzungen erhielt Ira von den Klopfgeistern die Botschaft, eine Pistole zu nehmen und in eine Ecke des Raumes zu schießen. Er tat das, und in dem Augenblick des Schusses sahen sie eine andere, phantomhafte Figur, die eine Pistole hielt. Sie verschwand, und das Schießeisen fiel auf den Boden.

Die Davenportkinder berichteten, daß ihnen die Geister gesagt hätten, sie sollten Skeptikern erlauben, sie mit Seilen festzubinden, um zu beweisen, daß sie die Geräusche und die anderen Erscheinungen, die sich in dem verdun-

freute, stieß Koons, vor allem bei seinen Nachbarn, auf offene Feindschaft. Der Pöbel fiel über sein Haus her, seine Kinder wurden geschlagen, seine Scheune und die Kornfelder in Brand gesteckt. Man wollte ihn auf diese Weise zwingen, die Gegend zu verlassen. Schließlich wurden er und seine Familie geradezu zu Missionaren des Spiritismus.

Es gab noch eine andere amerikanische Familie mit einem ähnlich ereignisträchtigen Séanceraum, die Davenports. Bereits im Jahr 1846 hatte man in ihrem Haus in Buffalo angeblich psychokinetische Phänomene in Form von Klopfen und eigenartigen Geräuschen vernommen. Zu diesem Zeitpunkt war Ira Davenport sieben und William gar erst fünf Jahre alt. Vier Jahre später begannen die drei Kinder

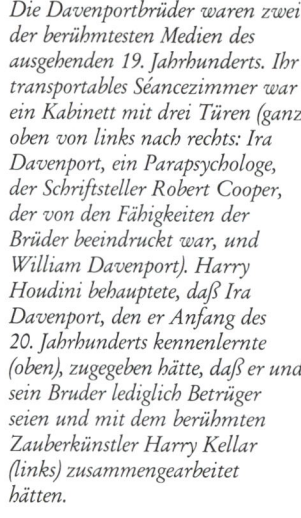

Die Davenportbrüder waren zwei der berühmtesten Medien des ausgehenden 19. Jahrhunderts. Ihr transportables Séancezimmer war ein Kabinett mit drei Türen (ganz oben von links nach rechts: Ira Davenport, ein Parapsychologe, der Schriftsteller Robert Cooper, der von den Fähigkeiten der Brüder beeindruckt war, und William Davenport). Harry Houdini behauptete, daß Ira Davenport, den er Anfang des 20. Jahrhunderts kennenlernte (oben), zugegeben hätte, daß er und sein Bruder lediglich Betrüger seien und mit dem berühmten Zauberkünstler Harry Kellar (links) zusammengearbeitet hätten.

kelten Raum zutrugen, nicht selber erzeugten.

Um ihre medialen Kräfte unter Beweis zu stellen, bauten die Davenportbrüder ein dreitüriges Kabinett, das im Endeffekt einen transportablen Séanceraum darstellte. Zuschauer wurden aufgefordert, sie festzubinden. Aber sobald die Türen geschlossen waren, trugen sich seltsame Phänomene zu. Man hörte es klopfen und krachen. Hände winkten durch ein kleines Fenster in der Mitteltür der Kabine, Musikinstrumente erklangen. Mitunter lud man auch einen Zuschauer ein, in dem verdunkelten Kabinett zu sitzen, während sich diese Phänomene abspielten. Am Ende der Vorführung fand man die Brüder immer noch festgebunden vor.

Als die Brüder Davenport mit ihrem „öffentlichen Séanceraum" in Amerika auf Tournee gingen, strömten Scharen von Zuschauern in die renommierten Theater am Ort, um dieses unterhaltsame und eindrucksvolle Schauspiel sehen zu können. Bald brach eine Kontroverse zwischen ihren Anhängern und Skeptikern aus, ähnlich den heftigen Diskussionen um Uri Geller 1973/74 bei seinen Fernsehauftritten. Natürlich hätte auch ein geschickter Entfesselungskünstler ähnliche Kunststücke vollbrin-

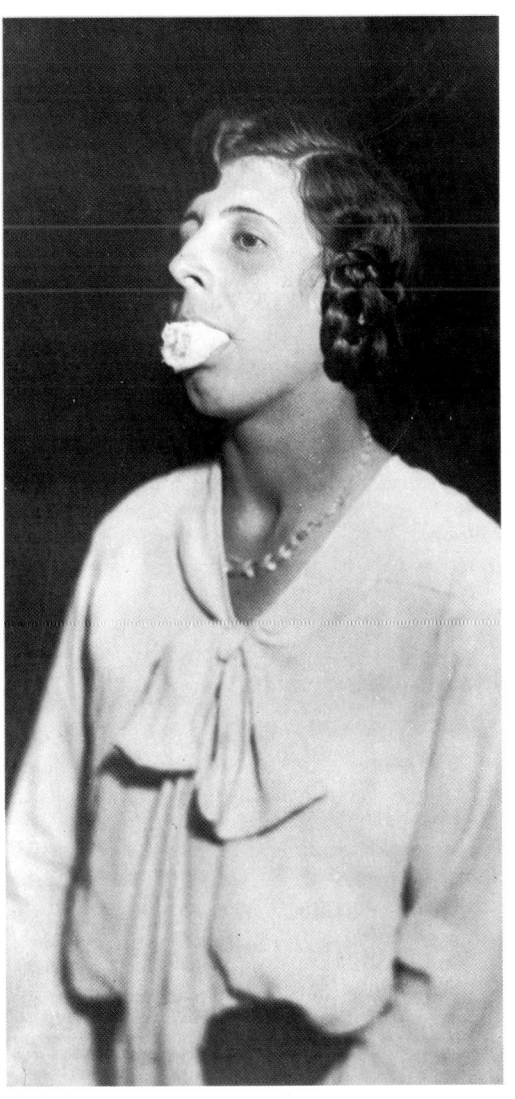

Links:
Ethel Beenham, die Sekretärin des Parapsychologen Harry Price, demonstriert, wie man ziemlich einfach eine große Rolle Mull im Mund halten kann – eine beliebte Methode, die Ausscheidung von Ektoplasma vorzutäuschen.

Unten:
Das polnische Medium Stanislawa Tomczyk versetzt einen Tisch durch Heben ihrer Hände in den Schwebezustand. Ihre äußerst beeindruckenden psychokinetischen Kräfte wurden eingehend von dem berühmten europäischen Parapsychologen Dr. Julian Ochorowicz untersucht. Trotzdem behaupteten Skeptiker, daß die scheinbar durch Psychokinese bewegten Gegenstände in Wirklichkeit durch feine Fäden mit ihren Händen verbunden seien. Die Beschuldigung scheint jedoch sehr fragwürdig, da das erste, wonach ein kompetenter Untersucher forscht, Drähte und Schnüre sind.

sicherten Ira und William mit einem komplizierten Knoten. Die Brüder behaupteten, dies würde ihre Durchblutung hemmen – aber ein Arzt untersuchte sie und widersprach. Das Problem wurde schließlich von einem Helfer gelöst, der den Knoten mit einem Messer aufschnitt. Am Abend brach ein Tumult aus, und die Davenports verließen hastig Liverpool. Ganz England war empört, so daß sie sich entschlossen, ihre Tournee vorzeitig abzubrechen. Sie schrieben damals:

„Wären wir reine Schwindler, würden wir nicht bedroht, oder man würde uns in Schutz nehmen. Könnten wir erklären, daß diese Dinge, die in unserer Gegenwart geschehen, Sinnestäuschungen sind, würden wir zweifellos Geld und Beifall genug ernten ... Aber wir sind keine Betrüger und erklären ausdrücklich, daß wir keine sind. In jeder Stadt werden wir vom Pöbel angegriffen, unser Eigentum wird zerstört, und unser Leben ist in Gefahr."

Der berühmte Zauberer und Befreiungskünstler Harry Houdini fand jedoch eine andere Version. Er war zu Beginn des 20. Jahrhunderts mit Ira befreundet und sagte, Ira habe zugegeben, daß sie alles lediglich vorgetäuscht haben. Zwar existieren keine echten Beweise, nur eben diese belastende Aussage, auf der anderen Seite gilt es jedoch als Tatsache, daß der international bekannte Zauberer Harry Kellar eine Zeitlang bei den Davenports angestellt war und sich, um mit Houdinis Worten zu sprechen, „hinterher Tricks aneignete, die ihre Fähigkeiten im Seilbinden und Entfesseln allesamt übertrafen".

Es ist heute, ein Jahrhundert später, unmöglich zu entscheiden, ob die Davenports medial

gen können, aber macht ein solcher Hinweis die Davenports gleich zu Betrügern? Als die Zeitung „Boston Courier" eine Belohnung von $ 500 für die Erzeugung echter psychokinetischer Phänomene ausschrieb, bewarben sich die Brüder Davenport.

Ein Professorenteam der Universität Harvard sollte den Test im Auftrag der Zeitung überwachen. Ira und William wurden festgebunden, und die Stricke durch mehrere in die Kabine gebohrte Löcher nach außen geführt und dort verknotet. Ein Professor, Benjamin Pierce, stieg dann in die Kabine, bevor die Türen geschlossen wurden.

Was dann geschah ist ungeklärt. Sicher ist, daß man beim Öffnen der Türen die Brüder ungefesselt vorfand und das Seil um den Nacken des Professors gewunden war.

Die Kontroverse um die Brüder aus Buffalo spitzte sich zu, als sie sich mit ihrer Vorstellung auf den Weg nach Europa machten, wo sie auch auf ein sehr skeptisches Publikum stießen. Der Empfang in London und anderen Städten in England war besonders stürmisch, und in Liverpool nahm die Tournee eine häßliche Wendung: Zwei Mitglieder eines vom Publikum gewählten Untersuchungsteams

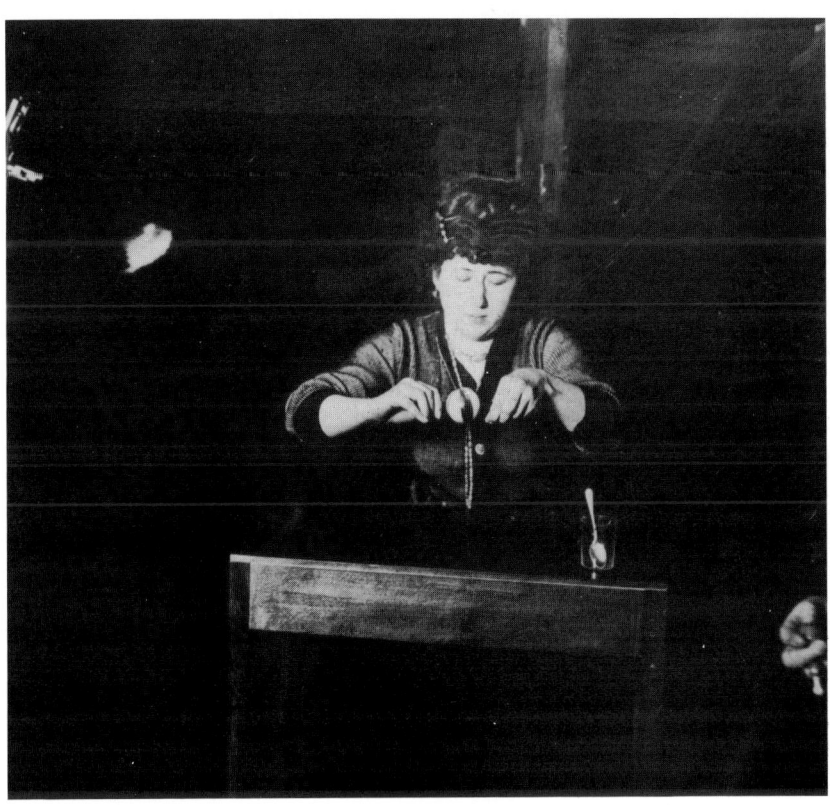

begabt oder nur Betrüger waren. Die theatralische Inszenierung, die ihre „Sitzungen" umgab, muß die Entscheidung darüber für die Augenzeugen ebenso schwer gemacht haben. Versuche mit physikalischen Medien haben unter sorgfältig ausgearbeiteten Bedingungen jedoch auch recht stichhaltige Beweise für die Echtheit der erzeugten Phänomene geliefert.

Sir William Crookes hat als einer der ersten Physiker die parapsychologischen Kräfte erforscht, die für die Erzeugung der Geräusche und Bewegungen verantwortlich gemacht werden. Er untersuchte das bekannteste physikalische Medium der neueren Zeit, Daniel Dunglas Home (1833–1886), und kam zu dem Ergebnis, daß dieser mit echten parapsychologischen Kräften ausgestattet war. Als er heiratete, eine Gräfin von Kroll, waren immerhin die berühmten Schriftsteller Alexandre Dumas und Leo Tolstoi Trauzeugen bzw. Brautführer. Selbst Papst Pius IX. empfing ihn in Privataudienz.

Das irische Medium Kathleen Goligher wie sie scheinbar mit Hilfe eines ektoplasmischen Stabs einen Tisch bewegt. Das sieht offensichtlich nach Täuschung aus, besonders bei Betrachtung aus unmittelbarer Nähe (nächste Seite Mitte). Aber Kathleen Goligher konnte nie Betrug nachgewiesen werden. Spiritisten glauben, daß das Ektoplasma aus einem Medium austreten und jede beliebige Form annehmen kann – flüssig oder fest. Es kann auch alle Phänomene im Séanceraum bewirken – von der Levitation von Gegenständen (oder Personen) bis zu vollständigen Materialisationen.

Auch Marc Thury, Professor für Physik und Naturgeschichte an der Universität Genf, hat sich schon früh der Erforschung übersinnlicher physikalischer Phänomene gewidmet. In den fünfziger Jahren des vergangenen Jahrhunderts wurde er Zeuge, wie zwei Klaviere in Gegenwart eines elfjährigen Jungen gleichzeitig schwebten. Professor Thury behauptete, daß der menschliche Körper eine Substanz ausscheiden könne, die unter Einfluß einer unsichtbaren Kraft solche verblüffenden Wirkungen erzielen könne. Diese These bereitete die Ektoplasmatheorie vor, die in dem Maße an Boden gewann, wie sie durch neue Beobachtungen bestätigt wurde. In der Parapsychologie gilt Ektoplasma als eine Substanz, die aus einem Medium austreten soll und die Objekte zu bewegen vermag.

Verwirrend ist in diesem Fall, ähnlich wie in anderen, daß der Elfjährige, selbst wenn er die Möglichkeit zum Betrug gehabt hätte, zwei so schwere Gegenstände nie hätte heben können.

Unsichtbare Hände

Ein bedeutender europäischer Parapsychologe, zeitweilig Direktor des Internationalen Psychologischen Instituts in Paris, Dr. Julian Ochorowicz (1850–1917), führte Untersuchungen mit einem jungen polnischen Mädchen durch, Stanislawa Tomczyk, der man die Fähigkeit nachsagte, ohne Berührung Gegenstände zu bewegen, die Zeiger einer Uhr anzuhalten und sogar beeinflussen zu können, welche Zahl beim Roulettespiel gewann. Dr. Ochorowicz bezeugte nicht nur, daß kleine Gegenstände zwischen Stanislawa Tomczyks Fingern schwebten, sondern es gelang ihm auch, das Phänomen zu fotografieren. Skeptiker wandten jedoch ein, daß er getäuscht worden sei und daß das Medium die Gegenstände an einem sehr dünnen Faden aufgehängt habe. Der Forscher widerlegte dies damit, daß er während dieser Demonstrationen seine Hand zwischen den Gegenständen und die Finger des Mediums gehalten habe und die Levitation (das freie Schweben) nicht unterbrochen worden sei. Er stellte die Theorie auf, daß sie von ihren Händen ausgehende „starre Strahlen" erzeugen könne, die diese paranormalen Auswirkungen verursachten. Stanislawa Tomczyk gab berufsmäßig nie spiritistische Séancen.

Ein anderes physikalisches Medium, die Dänin Anna Rasmussen, entdeckte ihre wunderbaren Kräfte im Alter von 12 Jahren. In den zwanziger Jahren unseres Jahrhunderts führte u.a. Professor Christian Winther von der Polytechnischen Akademie in Kopenhagen Untersuchungen mit ihr durch.

1928 hielt er mit ihr 116 Sitzungen ab, in jeder davon wurde irgendein Phänomen erzeugt. Besonders erstaunlich fand der Wissenschaftler dabei das Ausmaß an Kontrolle, das sie über die Phänomene ausüben konnte. Sie war bei vollem Tageslicht in der Lage, Pendel schwingen zu lassen, die ziemlich weit von ihr

dem sie in Trance verfallen war, konnte man Geräusche aus dem Inneren des Tisches hören, z.B. das Spiel einer Harmonika oder das Klingeln einer Glocke. Die Klappe in der Tischplatte wurde von innen aufgestoßen, und als man ein Taschentuch darüber legte, konnte man sehen, wie sich darunter fingerähnliche Formen abzeichneten und bewegten.

Die größte Leistung, die Stella Cranshaw als Medium in den Augen von Harry Price erbrachte, war die erfolgreiche Beeinflussung eines „Telekinetiskops", eines sehr empfindlichen Apparats, den er entwickelt hatte. Er bestand aus einer kleinen roten Glühbirne, einer Batterie und einer Morsetaste. Wenn man auf die Taste drückte, ging das Licht an. Um zu verhindern, daß dies auf normalem Weg geschah, richtete Price es so ein, daß die Taste von einer Seifenblase eingeschlossen war. Der Apparat wurde in ein gläsernes Behältnis gestellt, um die Seifenblase vor dem Platzen durch Austrocknen zu bewahren. Das

entfernt in einem verschlossenen Glaskasten aufgehängt waren. Sie vermochte sogar, nur ein Pendel von zwei in eine beliebig gewünschte Richtung zu bewegen, während das andere Pendel unbeweglich blieb.

Eine sensationelle Karriere

Ungefähr dreißig Jahre später wurde dasselbe Medium, Anna Rasmussen, von Parapsychologen einer jüngeren Generation gebeten, ihre Demonstration für sie zu wiederholen. Im Jahr 1956 wurden dann mehrere erfolgreiche Experimente durchgeführt; ihre Leistung war in den Augen einiger Forscher jedoch dadurch gemindert, daß sie eigene Pendel benutzte.

Eine kurze, aber sensationelle Karriere als Medium machte die britische Krankenschwester Stela Cranshaw. Sie wurde von dem vielseitigen, aber umstrittenen Parapsychologen Harry Price Anfang 1920 entdeckt. Sie ließ sich im Londoner National Laboratory for Psychical Research (Nationallaboratorium für parapsychologische Forschungen) untersuchen. Price erfand eine ausgeklügelte und sinnreiche Einrichtung, um ihre Kräfte auf die Probe zu stellen. Er unterwarf das Medium strenger Kontrollen und ließ mit einem betrugssicheren Séancetisch arbeiten.

Dieser Tisch bestand eigentlich aus zwei Tischen. Die Tischplatte eines unter dem ersten stehenden inneren Tisches war mit einer Klappe versehen, die nur von unten geöffnet werden konnte. Man legte Musikinstrumente, z.B. eine Harmonika oder eine Klingel, auf die Platte des inneren Tisches. Um die Tischbeine wurde Gaze gespannt. Dazu wurden die Seiten jedes Tisches mit Hölzern vergittert. Diese Vorkehrungen machten es einfach unmöglich, die Gegenstände auf dem inneren Brett zu berühren.

Stella Cranshaw saß am Tisch mit Beobachtern, von denen zwei ihr während der ganzen Sitzung Hände und Füße hielten. Bald nach-

Oben links und rechts:
Dunkles, wie Spitzentuch aussehendes Ektoplasma, das angeblich bei einer Sitzung in Belfast in den zwanziger Jahren von K. Goligher erzeugt wurde. In fast allen Fällen wurde das Ektoplasma angeblich wieder entmaterialisiert – nur ein Muster befindet sich im Besitz der S.P.R., und das ist zweifellos Mull.

Unten:
Stella Cranshaw, eine junge britische Krankenschwester, die Harry Price in den zwanziger Jahren als Medium entdeckte. Trotz ihrer unzweifelhaften Fähigkeiten zeigte sie nie wirkliches Interesse daran, als Medium zu arbeiten, und gab keine öffentlichen Séancen.

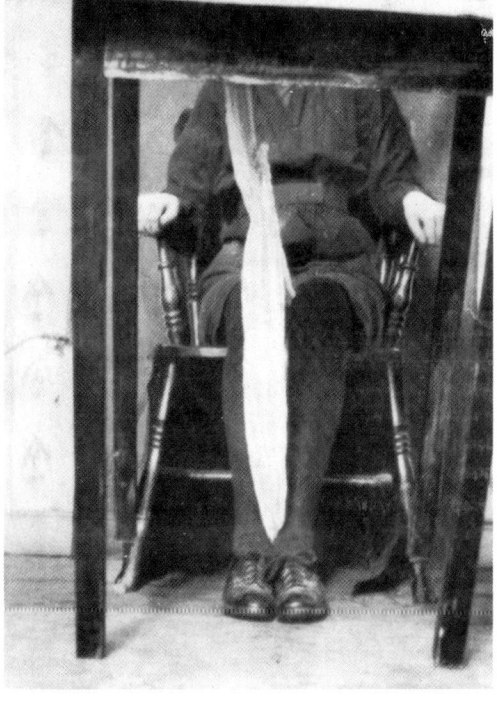

Licht schaltete sich während der Sitzung trotzdem an – anscheinend durch psychokinetische Kräfte, denn als man später den Apparat untersuchte, war die Seifenblase noch vorhanden.

Stella Cranshaw wurde insgesamt über einen Zeitraum von fünf Jahren untersucht, aber sie brachte wenig Interesse und Begeisterung für die Parapsychologie auf. Als sie 1928 heiratete, hörte sie vollkommen auf, spiritistische Sitzungen abzuhalten.

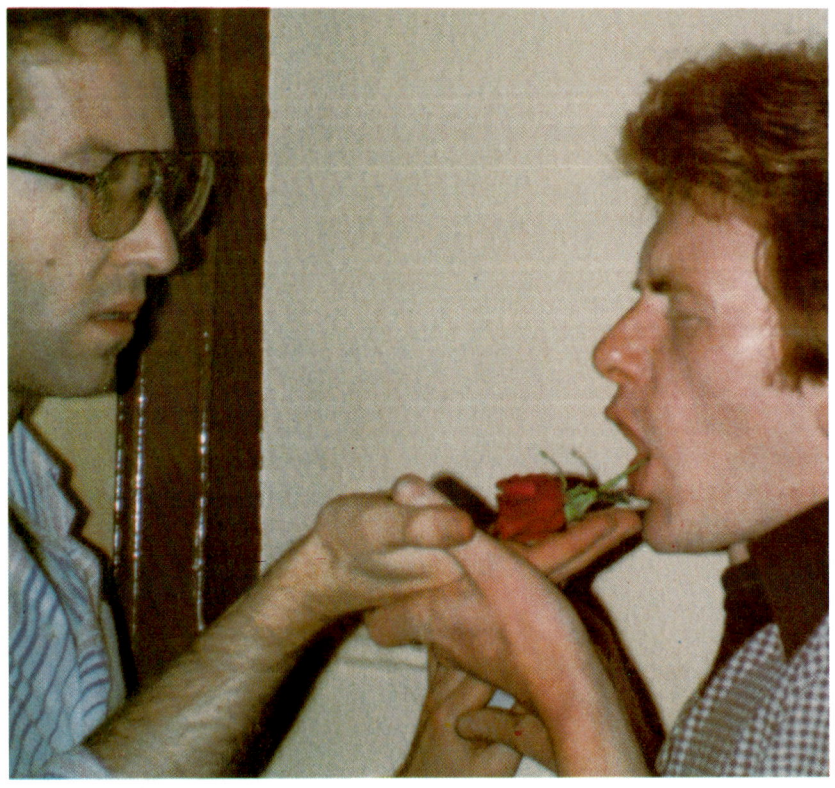

Apportationen und Materialisationen

Blumen, frische Früchte, Zierrat und sogar lebende Tiere sollen als sogenannte Apportationen aus dem Nichts heraus greifbare Gestalt annehmen. – Allein bewirkt durch die besonderen Fähigkeiten, über die einige Menschen als physikalische Medien verfügen.

Zu privaten Séancen des Londoner Mediums Paul McElhoney werden Gegenstände „aus dünner Luft" erzeugt. Forscher nennen diese sichtbaren Materialisationen Apportationen bzw. Apporte. Sie erscheinen, wie auch andere, durch Medien erzeugte psychokinetische Phänomene, gewöhnlich im Dunkeln – zum Argwohn von Anhängern der Parapsychologie wie Skeptikern. Die Zweifel darüber, ob die Apportationen wirklich mit Hilfe von Geistern materialisiert werden, verflüchtigen sich oft dann, wenn man die Bedingungen, unter denen die Gegenstände erzeugt werden, bzw. die Art und Weise der Verkörperungen selbst, untersucht.

Im Fall Paul McElhoney haben verschiedene Beobachter berichtet, daß Blumen aus seinem Mund „entstanden". Der Spiritist Michael Cleary berichtete in der Wochenzeitung *Psychic News* (vom 28. November 1981) über seine Erfahrung, die er eine Woche zuvor im privaten Kreis des Mediums gemacht hatte. Vor der Sitzung hatte er den Séanceraum untersucht. In der Séance ergriff der Kontrollgeist Ceros von dem Medium Besitz. „Als Ce-

Ganz oben:
Das physikalische Medium Paul McElhoney bei einer Apportation. Obwohl er bei seinen Séancen meist, wie hier, Blumenapporte erzeugte, wurden auch andere Gegenstände materialisiert, wie zum Beispiel diese Nachbildung des Kölner Doms aus Metall (rechte Seite). McElhoneys Kontrollgeist Ceros behauptete, es sei ein Geschenk des verstorbenen Vaters.

ros die ersten Blumen brachte, war das Licht an", berichtete Cleary. „Ich schaute in Pauls Mund. Er war leer. Dann begann eine [frische] Blume aus seinem Mund zu fallen. Nelken haben in meiner Familie eine besondere Bedeutung. Ich hatte kürzlich meine Mutter im Jenseits gebeten, mir solche Blumen zu bringen. Als Ceros eine Nelke für mich erzeugte, sagte er, es sei ein Geschenk von einer Frau aus dem Jenseits."

Blumen sind seit über 150 Jahren bekannte Apportationen. In Zusammenhang mit dem berühmten englischen Medium, Madame Elizabeth d'Espérance (1855–1919), die auch in Bremen aufgetreten war, wird von einem der außergewöhnlichsten Fälle von Materialisation berichtet. Es wird behauptet, daß in ihrer Gegenwart ein materialisierter Geist namens Yolande erschien.

Im Jahre 1880 nahm Yolande bei einer spiritistischen Sitzung eine zur Hälfte mit Sand und Wasser gefüllte gläserne Karaffe, stellte sie in die Mitte des Raumes und bedeckte sie mit einem dünnen Stück Stoff. Die Anwesenden beobachteten dann mit Erstaunen, wie sich das Tuch langsam hob und Yolande aus dem Kabinett kam, in dem Madame d'Espérance Platz

genommen hatte, um zu sehen, was passierte. Als sie das Stück Stoff hob, konnte man erkennen, daß in wenigen Minuten eine richtige Pflanze gewachsen war.

Yolande forderte die Teilnehmer auf, einige Minuten leise zu singen, und als sie die Pflanze wieder untersuchten, sahen sie, daß sie in voller Blüte stand, wobei eine Blume einen Durchmesser von 12,5 cm hatte. Ihr dicker hölzerner Stengel füllte den Hals der Karaffe aus, sie war 56 cm groß und besaß 29 Blätter. Sie wurde als indische Pflanze bestimmt, Ixora Crocata, und der Gärtner eines der Teilnehmer hielt sie noch drei Monate im Garten.

Leben für den Augenblick

Zehn Jahre später bewirkte dasselbe Medium, das Sitzungen auch im Beisein bekannter deutscher Physiker wie Robert Friese und dem Begründer der Astrophysik, Johann Zöllner, abhielt, eine ebenso spektakuläre Materialisation. Diesmal – am 28. Juni 1890 – wuchs vor den Augen der Anwesenden eine zwei Meter hohe, wunderschöne goldene Lilie. Fünf ihrer elf Blüten waren voll geöffnet, und auf Photographien, die gemacht wurden, war zu sehen, daß die Blume das Medium an Größe überragte. Yolande sagte den Teilnehmern jedoch, daß die Blume nicht bleiben könne und zeigte sich dann ganz verärgert, als sie merkte, daß sie diese nicht mehr entmaterialisieren konnte. Sie bat die Teilnehmer, die Pflanze bis zur folgenden Sitzung am 5. Juli in einem verdunkelten Raum aufzubewahren, in dem sie dann in der Mitte des Zimmers aufgestellt wurde. Dort bestätigte man ihr Vorhandensein noch um 21.23 Uhr, aber um 21.30 Uhr war sie verschwunden. Der einzige Beweis ihrer Existenz waren die Photos und ein sich erhaltenes Blütenpaar.

Selbst bei so großen Materialisationen könnten hartnäckige Skeptiker vermuten, daß sie auf irgendeine betrügerische Weise erzeugt worden seien. Aber Betrug kann man schlecht annehmen, wenn Medien Gegenstände auf Wunsch der Anwesenden materialisieren. Agnes Nichol (später bekannt als Frau Samuel Guppy oder Guppy-Volckmann) war in den sechziger und siebziger Jahren des vergangenen Jahrhunderts (gest. 1917) eines der begabtesten Materialisationsmedien. Es wird berichtet, daß einer ihrer Freunde eine Sonnenblume ver-

Rechts:
Madame d'Espérance, eines der ersten physikalischen Medien im ausgehenden 19. Jahrhundert, mit der goldenen Lilie, die – durch ihren materialisierten Kontrollgeist Yolande – am 28. Juni 1890 buchstäblich vor den Zuschauern zu einer Höhe von zwei Metern wuchs. Sie duftete intensiv und trug 11 Blüten, 5 davon geöffnet – doch in der nächsten Sitzung entmaterialisierte Yolande sie in sieben Minuten. Alles was blieb, war dieses Photo und ein Blütenpaar.

langte, und das Medium erzeugte auf einem Tisch im verdunkelten Séanceraum sofort ein 1,60 m großes Exemplar mit Erdreich an den Wurzeln. Bei einer anderen Sitzung wurde jeder Zuschauer aufgefordert, eine Frucht oder ein Gemüse zu nennen, und sie erhielten Materialisationen unterschiedlichster Art: eine Banane, zwei Orangen, weiße und blaue Trauben, eine Scheibe kandiertes Ananas und vieles mehr.

Tauben und andere Vögel kommen bei Materialisationsmedien ebenso häufig vor wie bei Zauberern, aber ihre Materialisation wird unter ganz anderen Bedingungen erzielt. Es gibt Zeugen dafür, daß der australische Schuhmacher Charles Bailey im Lauf seiner vielen Jahre als Medium eine ganze Tierschau materialisiert hat. Um Tricks auszuschließen, ließ er sich ausziehen, untersuchen und zog dann Kleider an, die von kritischen Beobachtern bereit gestellt wurden. Ein berühmter Mediziner, Dr. C. W. McCarthy, ersann noch strengere Testbedingungen. Nachdem er Bailey untersucht hatte, steckte er ihn in einen Sack, in dem sich nur Löcher für seine Hände befanden und band ihn fest.

Gelegentlich wurden auch die Anwesenden durchsucht und das Medium in einen Käfig gesetzt, der mit einem Moskitonetz zugedeckt wurde. Die Zimmertür wurde verschlossen oder versiegelt, die offene Feuerstelle verstopft und Papier über die Fenster geklebt. Die einzigen Möbel im Zimmer waren ein Tisch und Stühle für die Teilnehmer. Aber als man das Licht nach wenigen Minuten der Dunkelheit wieder anmachte, hatte Bailey Apportationen in der Hand: einmal zum Beispiel zwei Vogelnester mit je einem lebenden Vogel, ein ande-

res Mal einen lebenden, 46 cm langen Schaufelhai und eine von Seetang umhüllte Krabbe. Viele der lebenden Apportationen, die er in seinen Séancen erzeugte, verschwanden auf ebenso mysteriöse Weise wieder. Einige archäologische Apportationen wie antike Keramiken, Münzen befinden sich in der Sammlung der Stanford Universität in Kalifornien.

Interessante Fälle und Gerüchte

Woher kommen nun die Materialisationen? Der Kontrollgeist des berühmten englischen Trancemediums Frau Everitt (1825–1915) weigerte sich, sie zu erzeugen. „Ich finde es nicht gut, sie herzubringen", sagte sie geheimnisvoll, „denn eigentlich sind sie gestohlen." Es sind immer wieder Fälle berichtet und bestätigt worden, wo Apportationen Gegenstände gewesen sind, die an einem Ort entmaterialisiert und an einem anderen wieder rematerialisiert wurden. Zum Teil geschah dies sogar auf Aufforderung von Teilnehmern. Der berühmte italienische Parapsychologe Ernesto Bozzano (1862–1943), der 532 Spukfälle untersucht hatte, von denen er 374 als echt gelten ließ, schrieb folgenden Bericht:

„Im März 1904 nahm ich an einer Sitzung im Haus des Cavaliere Paretti teil. Das Medium gehörte zu unserem engen Freundeskreis und war mit erstaunlichen parapsychologischen Fähigkeiten ausgestattet. So konnte man mit seiner Hilfe Apportationen bekommen. Ich bat den kommunizierenden Geist, mir einen kleinen Pyritstein zu bringen, der auf meinem etwa zwei Kilometer entfernt liegenden Schreibtisch lag. Der Geist erwiderte (durch das in Trance versetzte Medium), daß seine Kraft nahezu erschöpft sei, er aber trotzdem einen entsprechenden Versuch unternehmen würde. Kurz darauf erlitt das Medium die üblichen krampfhaften Zuckungen, welche die Ankunft einer Apportation signalisierten, aber wir hörten nicht, daß irgend etwas auf den Tisch oder auf den Boden fiel. Wir fragten nach einer Erklärung, und das Medium sag-

Oben:
Das amerikanische Medium Keith Milton Rhinehart rief bei einer öffentlichen Londoner Séance in den sechziger Jahren bei einem Teil der Zuschauer eine sehr skeptische Reaktion hervor. Er erzeugte verschiedene Gegenstände (oben rechts) aus dem Mund heraus, u.a. ein stacheliges Seepferdchen.

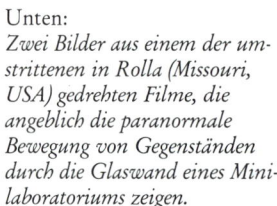

Unten:
Zwei Bilder aus einem der umstrittenen in Rolla (Missouri, USA) gedrehten Filme, die angeblich die paranormale Bewegung von Gegenständen durch die Glaswand eines Minilaboratoriums zeigen.

te, daß es zwar bewirkt habe, einen Teil des gewünschten Objektes zu zerkleinern und in den Raum zu bringen, aber nicht mehr genug Kraft habe, ihn auch wieder … zusammenzufügen.

Es sagte darauf: ‚Machen Sie das Licht an.' Wir gehorchten und fanden zu unserer großen Überraschung, daß der Tisch, die Kleider und Haare der Zuschauer, die Möbel und Teppiche des Zimmers mit einer ganz dünnen Schicht glitzernden, äußerst feinen Pyrits bedeckt war. Als ich nach der Sitzung nach Hause kam, lag der kleine Pyritstein auf meinem Schreibtisch aber ein großes Stück, etwa ein Drittel, davon fehlte."

Materialisierende Medien scheinen unterschiedliche übersinnliche Techniken zur Erzeugung der Phänomene zu benutzen, und bei einigen scheinen sich die Objekte aus dem Körper des Mediums heraus zu materialisieren. Es wurden Photos von kleinen ektoplasmischen Schatten gemacht, die aus dem Körper, und zwar aus der Nähe des Solarplexus, austraten.

Einer dieser Medien war der britische Bergarbeiter Jack Webber, den man photographier-

te, als er auf ähnliche Weise ein Schmuckstück erzeugte. Webber war als Medium für physikalische Phänomene berühmt. In seinen Sitzungen schwebten Trompeten und sprachen Geisterstimmen zu den Anwesenden. Vor einer Séance im Jahre 1938 wurde Webber sorgfältig von einem Polizisten vor den Augen der Anwesenden untersucht und dann an einen Stuhl gebunden. Der folgende Bericht der Sitzung ist Harry Edwards Buch „*The mediumship of Jack Webber (1939, Das Medium Jack Webber)* entnommen:

„Eine rote Lampe war an, hell genug für uns, um das Medium mit seinen Armen am Stuhl festgebunden zu sehen. Trompeten schwebten …, eine davon drehte sich herum, zeigte mit der großen Öffnung auf die Gegend des Solarplexus, und man hörte einen Gegenstand in sie hineinfallen. Sie schwebte dann zum Autor, den man bat, den Gegenstand

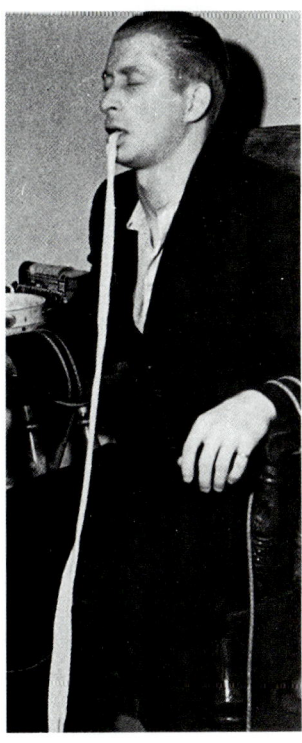

aus der Trompete zu nehmen – ein ägyptisches Dekorstück. Ein oder zwei Minuten später wanderte die Trompete wieder zum Solarplexus, und man hörte einen weiteren Gegenstand hineinfallen.“

Im November desselben Jahres kündigte Webbers Geist auf einer Séance in Paddington in London seine Absicht an, er wolle versuchen, eine Messingdekoration aus einem angrenzenden Zimmer zu materialisieren. Er bat darum, zu einem bestimmten Zeitpunkt ein Photo zu machen, weil dies die Erzeugung des Apports zeigen sollte. Dann hörten die Teilnehmer etwas auf den Boden fallen. Als das Photo entwickelt war, konnte man erkennen, wie das kleine Dekor – ein 57 g schwerer Vogel – in einer weiß-grauen gasförmigen Substanz scheinbar aus dem Solarplexus des Mediums auftauchte.

Oben links:
Sai Baba, von den Hindus als Heiliger verehrt, mit einem seiner zahlreichen Apporte.

Oben und ganz oben:
Der einstige Bergarbeiter Jack Webber erzeugt einen breiten Streifen Ektoplasma. Bei verschiedenen Gelegenheiten konnte man beobachten, wie kleine Schmuckgegenstände (ganz oben) in einer weißen Wolke über seinem Solarplexus Gestalt annahmen. Bei Berührung stellten sie sich als feste Gegenstände heraus.

Der Amerikaner Keith Milton Rhinehart demonstrierte in den sechziger Jahren unseres Jahrhunderts in der Caxton Hall in London seine übersinnlichen Fähigkeiten. In einer hellerleuchteten Halle materialisierte er mehrere Gegenstände aus seinem Mund, unter anderem ein recht stachliges Seepferdchen. Auch Halbedelsteine wurden durch ihn materialisiert: Sie wurden in seiner Haut eingelagert gefunden und von Zeugen daraus entfernt. Einige der Zuschauer waren jedoch gar nicht beeindruckt. Man sah nie, wie die Steine durch die Haut drangen, und es schien, als ob sie absichtlich unter die Haut implantiert worden wären. Ähnlich glaubten einige Zeugen, daß seine Materialisationen lediglich wieder heraufgewürgt worden wären.

Vergleicht man allerdings die besten Apportmedien miteinander, so findet man doch einige verblüffende Ähnlichkeiten, die dafür sprechen, daß es sich um ein echtes Phänomen handelt. Um die Jahrhundertwende hat Henry Sausse in *Des preuves? en Voilà (Zeugen? Da sind sie)* viele Beispiele von Apportationen beschrieben, die ein weibliches, in Trance versetztes Medium hervorgebracht hatte. Sie ging dabei so vor, daß sie bei vollem Tageslicht ihre Hände zu einem Becher formte und man sehen konnte, wie sich darin eine kleine Wolke bildete. Diese verwandelte sich sogleich in eine Materialisation, wie zum Beispiel einen Rosenzweig mit Blüten, Knospen und Blättern.

Auch wenn die Literatur reich an ähnlichen Fällen ist, sind solche Materialisationen heutzutage relativ selten. Trotzdem wird immer mal wieder von neuen ungewöhnlichen Apportationen berichtet.

Die Stimme des Konfuzius

2000 Jahre nach dem Tod des chinesischen Weisen Konfuzius konnte man seine Stimme vernehmen, die im altem Chinesisch sprach. War dies ein echtes Phänomen oder nur die geschickte Kunst eines Bauchredners? Theorien über das Phänomen der „Direkten Stimme".

Sloan als Medium für die Direkte Stimme nieder. Darin berichtet Findley von der allerersten Sitzung, die er am 20. September 1918 bei Sloan besucht hat. Diese Sitzung fand, wie die meisten Séancen, in einem verdunkelten Raum statt:

„Plötzlich sprach eine Stimme vor mir. Ich erschrak. Ein Mann neben mir sagte: ‚Jemand möchte mit dir sprechen, mein Freund'. So fragte ich: ‚Ja, wer sind Sie?'. ‚Dein Vater, Robert Downie Findlay', antwortete die Stimme und fuhr dann fort, indem er sich auf etwas bezog, von dem nur er, ich und eine dritte Person auf Erden wußten, und diese dritte war, ebenso wie mein Vater, seit einigen Jahren tot. So war ich der einzige Lebende, der von dem Kenntnis hatte, worauf sich der Geist bezog.

Das war schon außergewöhnlich genug, aber ich war noch mehr erstaunt, als, nachdem mein Vater geendet hatte, eine andere Stimme den Namen David Kidston nannte, den Namen der Person, die als dritte darüber Bescheid gewußt hatte. Dann führten wir die Unterhaltung fort, die mein Vater begonnen hatte."

Wie erklärt ein Skeptiker so eine Erscheinung? Vielleicht war das Medium ein Bauchredner und war zufällig auf die Information gestoßen,

Margery Crandon, ein Medium der zwanziger Jahre aus Boston, wurde von Harry Houdini als Betrügerin entlarvt (links). Ihr verstorbener Bruder und Kontrollgeist hatte angeblich nach einer Séance seinen Fingerabdruck zurückgelassen (unten links), der aber später als der eines früheren Séanceteilnehmers identifiziert wurde (unten rechts). Die Windungen und Rillen (numeriert) beider Abdrücke stimmen genau überein. Aber hat Margery immer geschwindelt?

John Campbell Sloan (1870–1951) hätte sich ein kleines Vermögen verdienen können, wenn er seine Fähigkeit, als Medium in der sogenannten Direkten Stimme zu sprechen, kommerziell genutzt hätte. Denn man sagte, daß die Toten in seiner Gegenwart lange Unterredungen mit ihren noch lebenden Verwandten und Freunden führten. Aber Sloan, ein freundlicher und einfacher Schotte, wollte nicht berufsmäßig als Medium auftreten. 50 Jahre lang gab er kostenlos spiritistische Sitzungen und verdiente sein Geld als Schneider, Postangestellter, Packer, Werkstattgehilfe und Zeitungshändler. Die Direkte Stimme ist ein paranormales Phänomen, das seit der Antike bezeugt ist. Spontan werden Stimmen vernommen, aber ein Sprecher wird nicht sichtbar.

Der spiritistische Autor Arthur J. Findlay (1883–1964) schrieb in seinem Bestseller *Gespräche mit Toten* (Freiburg, 1960) Protokolle von zahlreichen spiritistischen Sitzungen mit

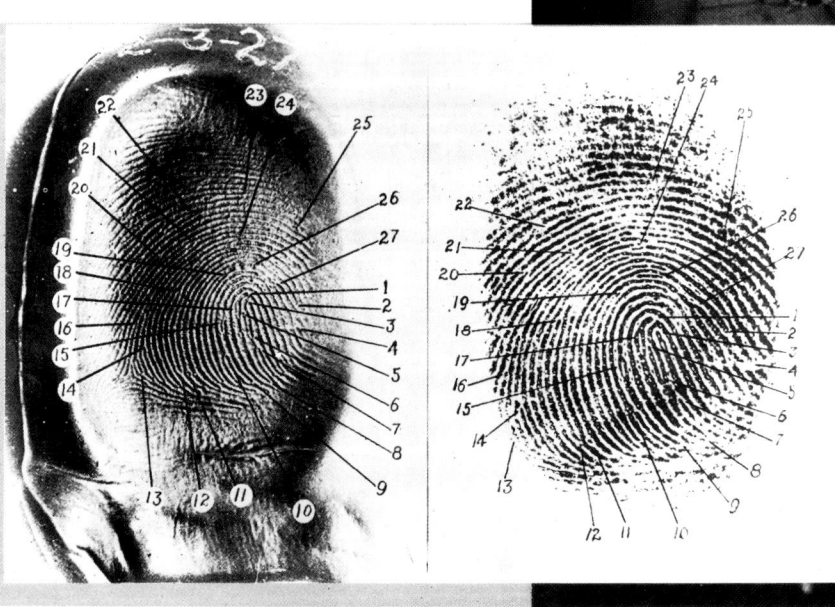

von der Findlay glaubte, daß sie niemand anders kannte. Eine solche Erklärung weist er jedoch mit folgender Antwort zurück:

„Kein perfektes System, Informationen auszuspionieren, keine personelle Verkörperung durch das Medium oder durch einen anderen Komplizen könnte dafür verantwortlich gemacht werden, und darüber hinaus war ich für jeden einzelnen Anwesenden ein absolut Fremder. Ich nannte beim Betreten des Raumes meinen Namen nicht, ich kannte niemanden im Zimmer, und niemand kannte mich noch wußte irgend etwas über mich."

Sloan konnte auch manchmal zwei oder drei Geisterstimmen gleichzeitig sprechen lassen, gelegentlich versetzte er sich am Anfang einer Sitzung in Trance, andere Male blieb er bei Bewußtsein und unterhielt sich mit den Geisterstimmen.

Eine der begabtesten Medien Direkter Stimme überhaupt war Etta Wriedt (geb. 1860), eine Amerikanerin aus Detroit. Nie verfiel sie in einen Trancezustand oder benutzte ein Kabinett, das sie von den Anwesenden trennte – wie das so viele Medien tun. Stattdessen saß sie bei ihnen und beteiligte sich an den Gesprächen, die sie mit den Geistern führten.

George Valiantine, amerikanisches „Trompetenmedium" und raffinierter Betrüger.

Der britische Vizeadmiral W. Usborne Moore bekam auch Gelegenheit, an einer Sitzung mit Etta Wriedt teilzunehmen, als diese in den zwanziger Jahren England einen Besuch abstattete. Er berichtete: „Häufig sprachen zwei, manchmal drei Stimmen zur gleichen Zeit an verschiedenen Stellen unserer Gesellschaft. Es war irgendwie verwirrend." Und von einer Sitzung in Amerika mit demselben Medium erzählte er: „Ich habe drei Stimmen gleichzeitig gehört, in beiden Ohren sprach je eine, die dritte aus der Trompete, manchmal zwei aus der Trompete." Diese Unterredungen wirkten so realistisch, behauptete Usborne Moore, daß er manchmal vergaß, daß er mit „denen sprach, die wir in unserer Verkennung ‚die Toten' nennen".

Die Herzogin von Warwick kann als eine weitere Zeugin für Etta Wriedts Fähigkeiten angeführt werden. Sie lud das Medium zu sich ein, da sich in ihrem Schloß seltsame Dinge zutrugen. Als Etta Wriedt im Schloß Warwick angekommen war, zeigte man ihr sogleich ihr Zimmer. Sie ließ Teile ihres Gepäcks, unter anderem eine Séancetrompete, im Korridor vor ihrer Tür zurück. Während Lady Warwick auf ihren Gast wartete, nahm sie die Trompete und hielt sie an ihr Ohr. Sofort hörte sie die vertraute Stimme des verstorbenen Königs Edward VII., ihres früheren Geliebten, und konnte sich mit ihm unterhalten.

Der König wurde zu einem regelmäßigen und ständigen Sprecher bei den Séancen, die man in der Folge auf dem Schloß abhielt – und zwar nahm seine Stimme ein solches Ausmaß an, daß andere Stimmen überhaupt nicht mehr zu Wort kommen konnten. Der frühere königliche Liebhaber der Herzogin versuchte so aufdringlich vom Jenseits her von Lady Warwick Besitz zu ergreifen, daß sie sich entschloß, die Sitzungen bei Etta Wriedt zu beenden.

Das Medium George Valiantine aus New York war in bezug auf seine parapsychologischen Fähigkeiten ein Spätentwickler. Er entdeckte seine Fähigkeiten als Medium erst im Alter von 43 Jahren, verschaffte sich aber rasch Ansehen, vor allem mit seiner Fähigkeit zu Direkter Stimme, die nicht nur englisch, sondern auch in anderen europäischen Sprachen redete.

Konfuzius spricht

Die beeindruckendste Kommunikation fand auf einer Séance in New York in den späten zwanziger Jahren unseres Jahrhunderts statt. Vorangegangen waren seltsame und unverständliche Stimmen in früheren Sitzungen, weswegen sich Dr. Neville Whymant, ein Fachmann für chinesische Geschichte, Philosophie und ältere Literatur, bereit erklärte, an einer Séance teilzunehmen. Seine Erwartungen wurden bald erfüllt. Zuerst hörte er eine Flöte auf typisch chinesische Weise spielen, und dann sagte eine leise, fast unhörbare Stimme „K'ung-fu-T'Zu" – die chinesische Ausspra-

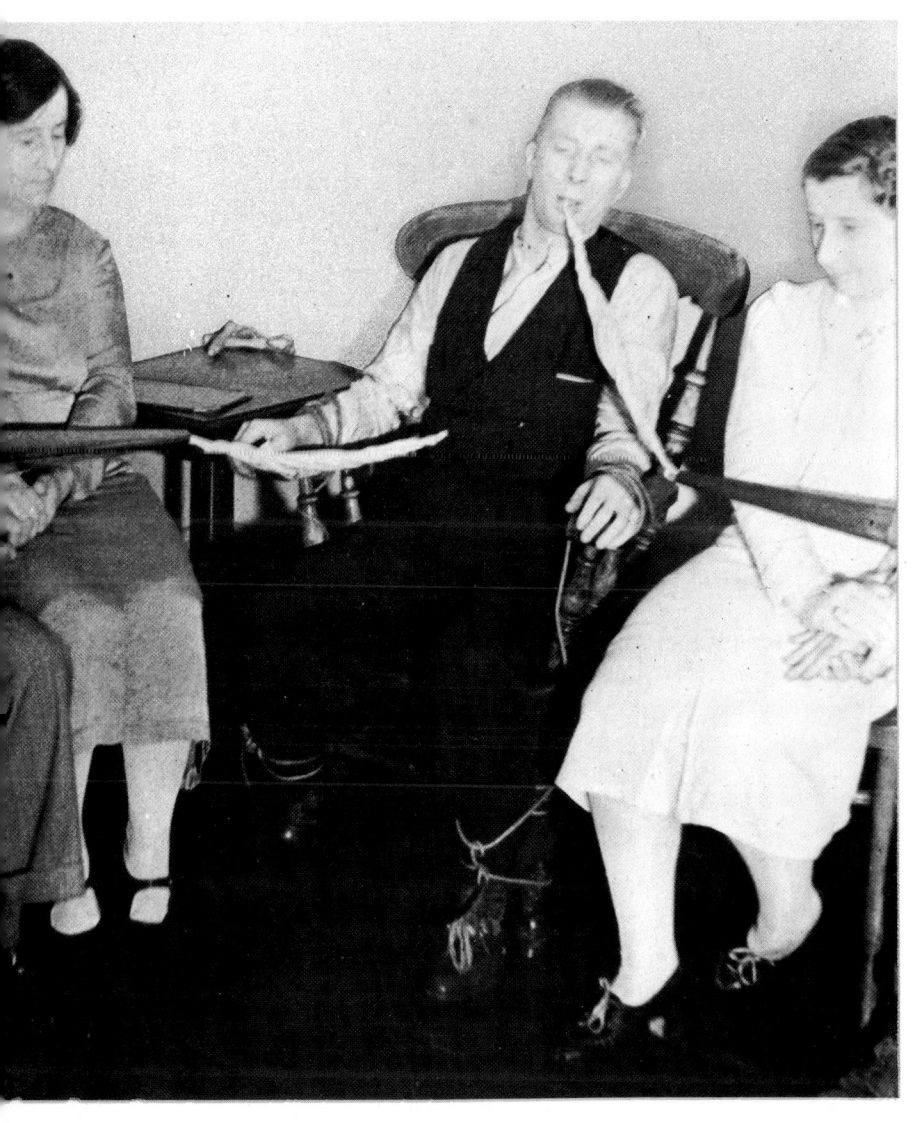

Links und unten:
Etta Wriedt war eines der fähigsten Medien für Direkte Stimme überhaupt. Oft sprachen zwei oder mehr Stimmen gleichzeitig. Männer, Frauen und Kinder „kamen durch" und redeten klar und deutlich, zuweilen auch in fremden Sprachen, obwohl das Medium nur Englisch sprechen und verstehen konnte. Während eines Besuches in England wurde sie in Schloß Warwick eingeladen, wo die Herzogin von Dowager (unten) seltsame Phänomene wahrnahm. Während sie dem Gast das Zimmer zeigte, nahm die Herzogin Etta Wriedts Séance-trompete, hielt sie ans Ohr und hörte zu ihrer Überraschung, wie ihr früherer Geliebter, König Eduard VII., zu ihr sprach, zum Teil sogar auf Deutsch.

erwähnte Jack Webber, ein Bergarbeiter aus Wales. Er trat besonders dadurch hervor, daß er es ablehnte, ein Kabinett zu benutzen, denn er wußte, daß er deshalb immer beargwöhnt wurde. Während der ganzen Sitzung ging eine rote Lampe in Intervallen an, damit sich die Zuschauer vergewissern konnten, daß er noch immer festgebunden war. Zum Teil ließ er während seiner Sitzungen Infrarotphotos machen, um eine Reihe physikalischer Phänomene festzuhalten, unter anderem bei Levitationen, Materialisationen und bei Sitzungen, in denen Direkte Stimmen mittels Trompeten demonstriert wurden. Mehr als 4000 Menschen hatten seine übersinnlichen Kräfte bewundern können.

Man hörte Männer, Frauen und Kinder durch die Trompete von Webber sprechen, einige darunter redeten sogar in fremden Sprachen. Ihre Botschaften enthielten oft ganz persönliche Informationen. Der Autor Edwards bezeugte sogar, daß er gleichzeitig zwei Geisterstimmen durch eine einzige Trompete habe singen hören.

Die bei Webbers Sitzungen aufgenommenen Photos scheinen etwas Licht auf die sichtbaren Vorgänge und den scheinbaren Ablauf des Phänomens der Direkten Stimme zu werfen. Man kann ektoplasmatische Formen erkennen, die das Medium mit der schwebenden Trompete verbinden, und in einigen Bildern kann man sehen, wie kleine, runde Formen, ungefähr von der Größe eines menschlichen Herzens, am schmalen Trompetenende hängen. Das sollen „Stimmboxen" sein, durch welche die Toten sprechen können.

Medien zwischen Wahrheit und Täuschung

Margery Crandon, ein berühmtes Medium aus den USA, war damit einverstanden, daß scharfsinnig ausgedachte Versuchsanordnungen zur Erforschung ihrer Fähigkeiten aufgebaut wurden.

Eine besonders raffinierte Einrichtung entwickelte B. K. Thorogood: Eine Schachtel aus sieben verschiedenen Materialschichten enthielt ein empfindliches Mikrophon. Sie wurde verschlossen, mit einem Vorhängeschloß versehen und ins Séancezimmer gestellt, um die Geisterstimmen aufzunehmen. Von ihr aus führten zwei Kabel zu einem Lautsprecher, die sich in einem anderen Zimmer befanden. Die Leute, die in dem angrenzenden Raum saßen, konnten die Stimme des toten Bruders von Margery Crandon, Walter, aus dem Lautsprecher hören, während im Séancezimmer nichts davon zu merken war, daß eine Stimme ins Mikrophon sprach.

Nicht alle Medien waren jedoch über jeden Verdacht erhaben. Mehrere Male beschuldigte man George Valiantine des Betrugs, und als er und auch Margery Crandon eine Untersuchung des *Scientific American* gestatteten – eines Magazins, das 2500 Dollar Belohnung für die Demonstration eines objektiven para-

che des Namens „Konfuzius". Außer Chinesen selbst können ihn nur wenige Menschen richtig aussprechen. Dennoch glaubte Dr. Whymant nicht, daß es der berühmte Philosoph war, der hier kommunizierte – sondern daß jemand anders seinen Namen nannte. Als er aber einen Abschnitt aus einem Werk des Konfuzius erwähnte, von dem er glaubte, daß er falsch überliefert worden war, und die erste Zeile davon zitierte:

„wurden die Worte auf einmal aus meinem Mund genommen und der ganze Absatz auf chinesisch rezitiert und zwar so, wie er in den Standardnachschlagewerken steht. Nach einer Pause von 15 Sekunden wurde der Absatz noch einmal wiederholt, diesmal mit bestimmten Veränderungen, die ihm eine andere Bedeutung verliehen. ‚So gelesen' sagte die Stimme, ‚wird da seine Bedeutung nicht platt?'"

Als Dr. Whymant später noch einmal die Möglichkeit hatte, zu der Stimme zu sprechen, erklärte er, daß es auf der ganzen Welt nur sechs Fachgelehrte gäbe, die solch ein Wissen von der chinesischen Sprache und von Konfuzius speziell haben konnten und von denen dazu derzeit keiner in den USA lebe. Dr. Whymant bezeugte auch, bei einer Séance mit Valiantine sizilianische Kirchenmusik gehört und sich mit einer Geisterstimme auf italienisch unterhalten zu haben.

Eines der letzten berühmten britischen Medien für Direkte Stimme war der bereits

raum Platz genommen hatten. Dann gab er alle möglichen Informationen, die er so zusammengelesen hatte, an das Medium weiter. Dies geschah durch ein raffiniertes Kommunikationssystem, das funktionierte, wenn William Roy seine Schuhe, unter deren Sohlen Metallplatten angebracht waren, auf Nägel im Boden setzte, die scheinbar der Befestigung des Teppichs dienten. Das „Medium" benutzte dann einen Kleinempfänger in seinem Ohr. Die gleiche Einrichtung konnte auch am Ende einer Trompete befestigt werden, so daß der Komplize eine „Geisterstimme" erklingen lassen konnte und Roy gleichzeitig eine andere erzeugte, während er mittels eines ausziehbaren Stabs die Trompete schweben ließ.

Roy wurde im Jahr 1955 als Betrüger entlarvt und verkaufte sein Bekenntnis 1960 an

psychologischen Phänomens anbot –, konnten sie das von der Zeitung berufene Untersuchungsteam nicht überzeugen.

Es wurde jedoch nicht ihre Fähigkeit zur Direkten Stimme angezweifelt. Valiantine hatte eine Reihe Wachsdrucke gemacht, welche die Fingerabdrücke prominenter Toter sein sollten. Er wurde von Dennis Bradley entlarvt, dem Mann, der ihn in zwei früheren Büchern gefeiert hatte. Den vernichtenden Beweis veröffentlichte er in seinem dritten Buch mit dem Titel *And after (Und danach),* in dem Bradley behauptete, daß die Abdrücke von „Valiantines großen Zehen, Fingern und Ellbogen stammten".

Margery Crandon geriet auch durch einen Fingerabdruck in Schwierigkeiten. Angeblich sollte von der materialisierten Hand ihres toten Bruders Walter ein Wachsabdruck zurückgeblieben sein. Die Boston Society for Psychical Research (Bostoner Gesellschaft für parapsychologische Forschung) wies nach, daß der Fingerabdruck identisch war mit dem des Zahnarztes von Margery Crandon, der an ihren frühen Sitzungen teilgenommen hatte.

Skeptiker glauben, daß diese Medien höchstwahrscheinlich immer betrogen haben, wenn sie auch nur bei einigen Schwindeleien erwischt wurden, obwohl wir uns schwer vorstellen können, wie sie den verblüffenden Effekt der Direkten Stimme erzeugt haben können.

Ein Mann, der eindeutig Phänomene vortäuschte und jahrelang erfolgreich vorführte, hieß William Roy – einer der brillantesten und skrupellosesten Betrüger in der Geschichte des Spiritismus. Sein richtiger Name war William George Holroyd Plowright, und er war Hochstapler, bevor er sich seine betrügerischen Tricks als Medium ausdachte, um Geld von leichtgläubigen Leuten zu ergaunern. Er behauptete durch seine „Sitzungen" insgesamt 50000 Pfund eingenommen zu haben. Für damalige Verhältnisse ein Vermögen.

Seine Methode war ganz einfach. Er bediente sich eines Komplizen, der die Mäntel, Brieftaschen und Handtaschen der Leute untersuchte, sobald sicher war, daß sie im Séance-

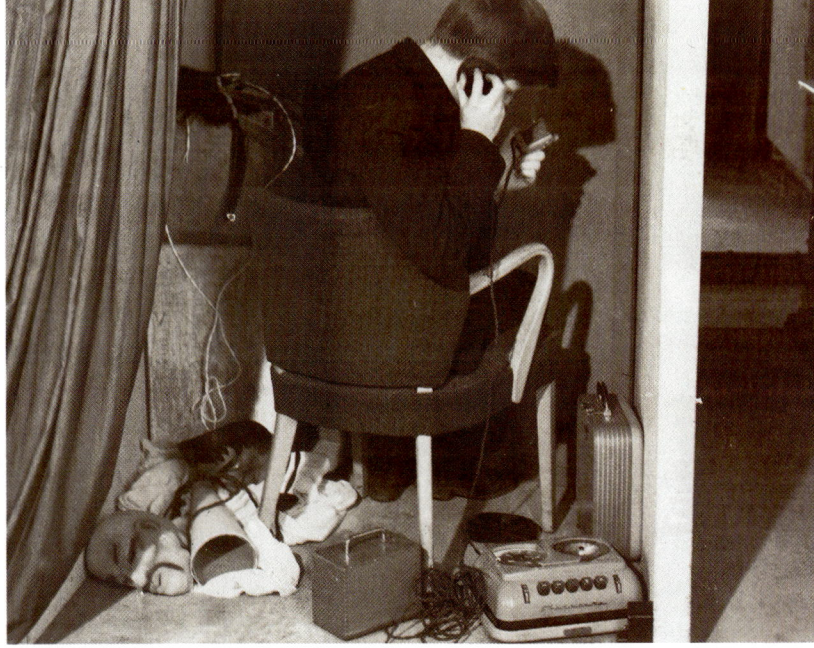

Ganz oben:
William Roy gestand seine Betrügerei und behauptete, mit seinen „Direkte Stimme"-Séancen 50000 Pfund verdient zu haben. Er enthüllte seine Tricks, zum Beispiel die Zusammenarbeit mit einem Komplizen im Nachbarzimmer (oben). Später behauptete er trotzdem, daß alles nur ein „Haufen Lügen" gewesen sei und war unter dem Namen Bill Silver wieder als Medium tätig.

die Sonntagszeitung *Sunday Pictorial* (den heutigen *Sunday Mirror).* Obwohl er zugegeben hatte, ein Betrüger zu sein und das Land verlassen hatte, kehrte Roy in den späten sechziger Jahren wieder nach England zurück und gab erneut unter dem Namen Bill Silver spiritistische Sitzungen. An seinen „Séancen" nahmen sogar die Beatles teil.

Es sickerte durch, daß viele Leute, die an den Sitzungen des „Bill Silver" anwesend waren, wußten, daß er William Roy war, der nach eigenem Bekenntnis ein Betrüger war. Dennoch waren einige Besucher überzeugt, daß er jetzt ein echtes Medium sei. Als er von einer Sonntagszeitung zu einer Erklärung aufgefordert wurde, behauptete er, daß sein früher veröffentlichtes Bekenntnis nur „ein Haufen Lügen" gewesen sei, das er des Geldes wegen veröffentlicht habe. Die Zeiten, in denen er die Öffentlichkeit hinters Licht führte, fanden mit seinem Tode 1977 ihr Ende.

Der Ruhm der Palladino

Eusapia Palladino ist das bekannteste Medium der jüngeren Vergangenheit. Sie wurde von vielen Wissenschaftlern aus Italien, England, Frankreich, Deutschland und den USA untersucht. Zwar ist sie wiederholt bei plumpen Täuschungsversuchen ertappt worden, aber sie verfügte unzweifelbar über mediale Kräfte – davon waren sogar ihre argwöhnischsten Kritiker überzeugt.

Eusapia Palladino während einer Untersuchung durch die Society for Psychical Research (S. P. R.) im Jahr 1909 (unten) und im Portrait (links). In ihren Séancen ging es üblicherweise sehr laut und turbulent zu.

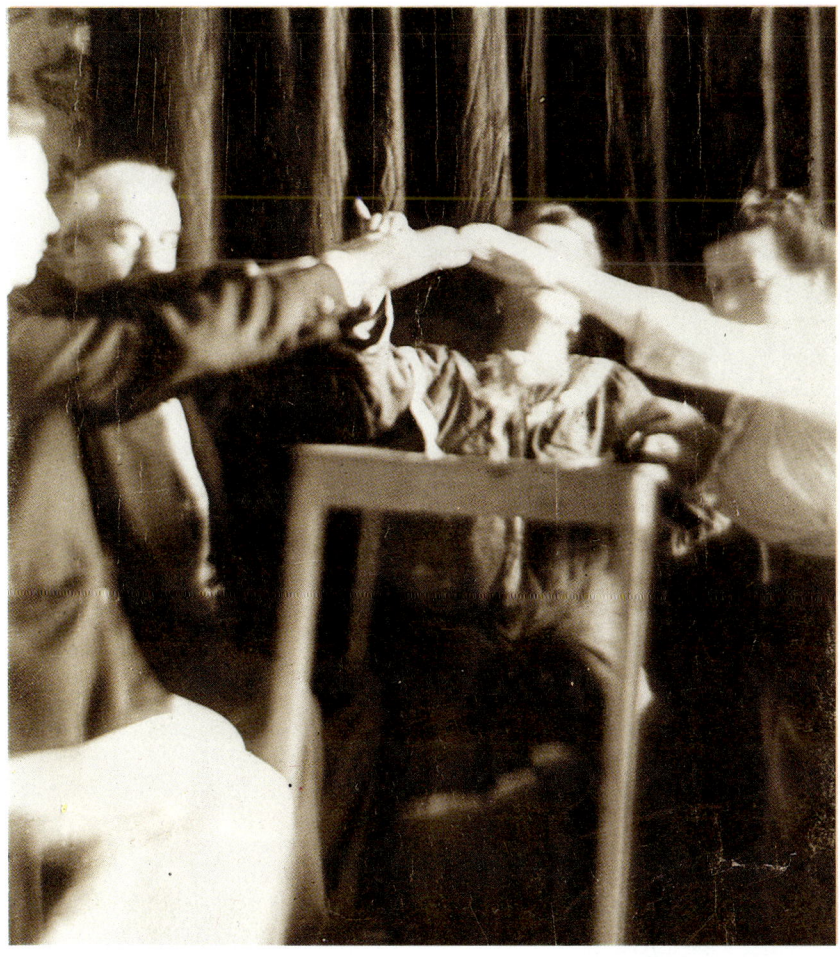

Die Palladino läßt bei einer Séance in Genua im Jahr 1906 einen Tisch schweben, ein äußerst charakteristisches Phänomen dieses Mediums. Es kam vor, daß die Tische manchmal richtig gewalttätig wurden und sogar die Zuschauer anzugreifen schienen.

Jeder, der an einer Sitzung mit Eusapia Palladino (1854–1918) teilnahm, konnte sicher sein, daß ihm Sensationelles geboten wurde: Schwere Möbel bewegten sich heftig, als ob sie einen eigenen Willen hätten, materialisierte Hände griffen nach den Teilnehmern, hielten sie fest oder schlugen sie sogar, Hörner bliesen und Lichter blitzten auf. Die Palladino erzeugte diese Phänomene unter äußerst strengen Bedingungen und gab sich mehr Mühe als jedes andere Medium, die Parapsychologen von ihren Fähigkeiten zu überzeugen, selbst wenn sie des öfteren bei Betrügereien ertappt wurde.

Eusapia Palladino wurde als Bauerntochter im Januar 1854 bei Bari in Süditalien geboren. Ihre Mutter starb während der Geburt, und Eusapia wurde im Alter von 12 Jahren zur Vollwaise. Ihr Vater war einem Mord zum Opfer gefallen. Mit 13 wurde sie Dienstmädchen in Neapel.

Als sie noch keine Zwanzig war, wurden ihre medialen Fähigkeiten unter ungewöhnlichen Umständen entdeckt. Im Jahr 1872 hatte die englische Frau des italienischen Parapsychologen Damiani eine Séance in London besucht. Ein Geist, der sich als John King ausgab, „kam durch" und erzählte dieser Frau, daß es in Neapel ein äußerst fähiges Medium gäbe, das die Wiedergeburt seiner Tochter, der berühmten Katie King, sei. Er nannte die vollständige Adresse, wo man das unbekannte Medium finden könne. Damiani ging, von seiner Frau davon unterrichtet, dorthin und fand –

Eusapia Palladino. Er wurde bald zum Vertrauten des jungen Mädchens und unterstützte sie bei der Entwicklung ihrer Fähigkeiten.

Der erste Wissenschaftler, der von der medialen Kraft der Palladino überzeugt war, hieß Dr. Ercole Chiaia. In einem offenen Brief an Cesar Lombroso im Jahre 1888 bekannte sich Chiaia dazu. Dies war ein bekannter Psychiater und Kriminalanthropologe, der kurz vorher in einem Artikel geschrieben hatte, daß er und seine Kollegen den Spiritismus einfach lächerlich fänden. Chiaia lud Lombroso ein, Zeuge des ganz besonderen Falles Eusapia Palladino zu werden. In diesem Brief hieß es:

„An den Stuhl gebunden oder fest an den Händen gehalten … zieht sie die Möbelstücke, die sie umgeben, zu sich, diese erheben sich, schweben in der Luft … und sie holt sie allmählich wieder auf den Boden zurück, so, als ob sie ihrem Willen gehorchen würden. Je nach Laune hebt sie einzelne Möbel noch höher oder läßt sie herunter schweben. Sie ruft Klopfzeichen in sanften Rhythmen und Kadenzen an Wänden, der Decke oder dem Fußboden hervor.

Diese Frau erhebt sich in die Luft, gleichgültig welche Stricke sie fesseln. Sie scheint auf Luft wie auf einem Sofa zu liegen, gegen alle Gesetze der Schwerkraft; sie spielt auf Musikinstrumenten – Klavieren, Schellen, Tamburinen – als ob diese von ihren Händen berührt oder vom Atem unsichtbarer Kobolde berührt worden seien.

Wieviele Arme und Beine hat sie? Wir wissen es nicht. Während ungläubige Zuschauer ihre Gliedmaßen festhalten, erscheinen Hände vor unseren Augen, ohne daß wir wissen, woher sie kommen."

Als Lombroso zwei Jahre später Neapel besuchte und die Einladung zu einer Sitzung mit Eusapia annahm, war er tatsächlich beeindruckt. Aus seiner Erfahrung mit dem Medium folgte tatsächlich, daß sich Lombroso viele Jahre der Erforschung des Paranormalen widmete. Seine Bücher zu diesem Thema zeigen, daß er am Ende zu der Überzeugung gelangt war, daß Geister der Toten die paranormalen Phänomene erzeugen würden.

Ein standfester Verteidiger der Palladino

Im Jahr 1892 hielt eine als „Mailänder Kommission" bekannte Forschergruppe 17 Sitzungen mit Eusapia Palladino ab. Sie veröffentlichte einen Bericht, der u. a. hervorhob:

„Es ist unmöglich zu zählen, wie oft eine Hand erschien und auch von einem von uns berührt wurde. Hier sei nur gesagt, daß Zweifel nicht länger angebracht ist. Es war wirklich eine lebende, menschliche Hand, die wir sahen und berührten, während gleichzeitig Oberkörper und Arme des Mediums sichtbar blieben und ihre Hände von den neben ihr Sitzenden festgehalten wurden."

Palladino saß nicht, wie andere Medien, während ihrer Sitzungen hinter einem Vorhang.

Sie benutzte zwar ein Kabinett, das, wie sie sagte, dem Entstehen der Phänomene dienen sollte, saß aber immer davor. Gleichgültig, ob sie und ihre Zuschauer in völliger Dunkelheit oder bei ausreichendem Licht verharrten. Um gesehen zu werden, ließ sie sich immer von den Zeugen festbinden oder auf dem Stuhl festhalten, um ihnen zu beweisen, daß sie nichts vortäuschte.

Zu den Mitgliedern der Mailänder Kommission zählte auch der Professor für Physiologie an der Medizinischen Fakultät der Universität Paris Charles Richet, der zu einem ihrer standfesten Verteidiger wurde. Er leitete mehr als 100 Séancen mit ihr und war als einer der führenden parapsychologischen Forscher in Europa besser als jeder andere kritische Prüfer in der Lage, ein Urteil über ihre übersinnlichen Kräfte zu fällen – ein Urteil, das zu ihren Gunsten ausfiel.

Professor Richet traf bei seinen Experimenten verschiedene Vorkehrungen, damit Eusapia nicht betrügen konnte. In seinem Buch *Grundriß der Parapsychologie und Parapsychophysik* (2. Auflage 1923) beschreibt er, wie sie einen 20 kg schweren Tisch in einen Schwebezustand versetzte, indem sie ihn nur leicht mit den Fingerspitzen berührte. Hinzu kam, daß die Tischbeine angespitzt waren, damit er nicht mit den Füßen hochgehoben werden konnte.

Der Professor für anatomische Pathologie an der Universität Turin P. Foa hielt, zusammen mit Dr. Arullani und einem Wissenschaftlerteam, ebenfalls zu Untersuchungszwecken eine Reihe Séancen mit dem Medium ab. In einer dieser Sitzungen ermahnte sie ihn, keinen der schwebenden Gegenstände zu berüh-

Ganz oben:
An diesem von der S.P.R. benutzten Tisch wurde die Palladino getestet, er war eigens entwickelt worden, um Betrug auszuschließen.

Oben und links:
Der Franzose Charles Richet, Nobelpreisträger von 1913, bedeutender Physiologe, und Cesar Lombroso (links), ein italienischer Psychiater und Kriminologe, waren beide von der Echtheit der medialen Kräfte Palladinos überzeugt.

ren, da sie deren Bewegungen nicht zügeln könne und womöglich jemand verletzt würde.

Sofort schwebte einer der Tische im Raum in die Luft, über Professor Foas Kopf hinweg und zum Boden zurück, wo er mit der Platte nach unten aufkam, stellte sich dann wieder wie von selbst auf die Beine. Im Augenblick der Drehung näherte sich Dr. Arullani dem Tisch, aber, so der Bericht eines Wissenschaftlers:

„Das Möbelstück bewegte sich schnell auf ihn zu und stieß ihn zurück. Doch Dr. Arullani faßte nach dem Tisch, es war wie ein Kampf, der Tisch krachte … und verschwand hinter dem Vorhang … Professor Foa sah, wie der Tisch umkippte und auf der Seite liegen blieb; darauf wurde eines der Tischbeine mit Gewalt, wie von einer unsichtbaren Kraft, abgerissen. Dann schleuderte es den Tisch aus dem Kabinett heraus, und er brach vor den Augen der Anwesenden in Stücke. Das Medium forderte Dr. Arullani auf, zum Kabinett zu gehen. Kaum angelangt, wurde er von Holzstücken und Händen getroffen, und wir konnten deutlich den Lärm der Schläge vernehmen."

Im Jahr 1895 stattete die über ihre Grenzen hinaus bekannt gewordene Palladino England einen Besuch ab, um in Cambridge für die Society of Psychical Research (SPR, Gesellschaft für parapsychologische Forschung) einige Séancen abzuhalten. Die Einladung war auf günstige Berichte von zwei Gründern der Gesellschaft hin erfolgt, nämlich von F. W. H. Myers und Sir Oliver Lodge. Beide hatten zuvor mit der Palladino Séancen im Haus von Professor Richet abgehalten.

Ein Zeuge der folgenden Sitzungen in Cambridge, Dr. Richard Hodgson, vermutete, daß Eusapia Palladino nur mit Tricks arbeitete. Obwohl man natürlich annahm, daß er ihre Bewegungen kontrollierte, gab er sich absichtlich den Anschein, als ließe seine Aufmerksamkeit nach – und die Palladino schwindelte daraufhin wirklich. Die Gesellschaft bezeichnete sie daraufhin als Betrügerin, aber die Forscher auf dem europäischen Festland ließen sich von dieser „Entlarvung" nicht beeindruk-

Auch der Australier Dr. Richard Hodgson (links), Jurist und anerkannter Parapsychologe, und Camille Flammarion (unten), ein bekannter französischer Astronom, gehörten zu den angesehenen Experten, die Eusapia Palladino untersuchten. Hodgson war bei der ersten Sitzung Palladinos in Cambridge im Jahr 1895 anwesend, bei der sie beim Schwindeln ertappt worden sein soll, was die britischen Parapsychologen veranlaßte, sie mehrere Jahre lang nicht mehr zu untersuchen.

Unten rechts:
Die Palladino mit Everard Feilding (links) von der S.P.R. bei der vierten von elf Sitzungen, die 1908 in Neapel abgehalten wurden. Zu ihrer Rechten Professor Galeotti von der Universität Neapel. Alle Forscher der angesehenen englischen Gesellschaft (S.P.R.) begegneten ihr mit Skepsis – wurden aber schließlich von der Echtheit ihrer Phänomene in den Séancen überzeugt.

auf dem Kontinent auch weiterhin überzeugende physikalische Phänomene, und so entschloß sich die Society for Psychical Research, den Fall noch einmal aufzunehmen. Im Jahr 1908 schickte sie ein Team von drei überaus kritischen Parapsychologen nach Neapel, um an Sitzungen mit ihr teilzunehmen. Bereits nach sechs der insgesamt elf abgehaltenen Séancen waren die Briten vollkommen von der Echtheit des Mediums überzeugt und Eusapia Palladino damit rehabilitiert.

Ein Jahr später allerdings wurde sie wieder beim Schwindeln ertappt – diesmal in den USA. Zwischen 1909 bis 1910 verbrachte sie sieben Monate in den Vereinigten Staaten und beeindruckte viele Forscher. In einer Sitzung gelang es einem Mann, unbemerkt hinter den Vorhang des Kabinetts zu schlüpfen und von diesem günstigen Ausgangspunkt „sah er, daß sie einfach ihre Füße von den Schuhen befreit hatte und mit den Zehen nach der Gitarre und dem Tisch im Kabinett angelte."

Bei einer anderen Séance in Amerika erwischte sie ein professioneller Zauberer, der sich unter dem Séancetisch versteckt hatte, beim Betrügen. Jedoch bezeugte ein anderer bekannterer Magier, daß die Tischlevitationen, die er in ihrer Gegenwart beobachtete, nicht betrügerisch etwa unter Zuhilfenahme ihrer Füße, Knie oder Hände aufgeführt wurden.

Die Skeptiker und das Medium

Eusapia Palladino hat nie bestritten, daß sie manchmal schummelte. Sie erklärte, daß ihr in Trance von skeptischen Zuschauern suggeriert werden könne, Tricks anzuwenden. Aber ihre

ken. Ihnen war klar, daß das Medium betrügen würde, wenn man ihm die Möglichkeit dazu ließ. Ihrer Meinung nach wären echte Phänomene zustande gekommen, wenn die Kontrollen ernst genommen worden wären.

Ein launisches Medium

Camille Flammarion war ein führender französischer Astronom. Auch er interessierte sich für das berühmte Medium. Aus einer der Séancereihen, die er mit ihr durchführte, berichtete er, daß das Medium leicht erregbar sei und die Phänomene dann destruktiv würden:

„Das Sofa kam auf sie zu, als sie es anschaute, schreckte aber vor ihrem Atem zurück; alle Gegenstände wurden kunterbunt auf den Tisch geworfen, ein Tamburin schwebte hoch, fast bis unter die Decke; selbst Kissen flogen auf den Tisch und warfen alles um; ein Teilnehmer wurde vom Stuhl gestoßen. Der Stuhl – ein schwerer Eßzimmerstuhl aus Walnußholz mit gepolstertem Sitz – schwebte in die Höhe, krachte mit viel Getöse auf den Tisch, stieß sich dann von ihm ab ..."

Eusapia Palladino erzeugte für die Forscher

Verteidiger führen an, daß einige der „Entlarvungen" möglicher Weise eher ein Irrtum der Beobachter sind, als unbewußter Betrug der Eusapia Palladino. Bei ihren Sitzungen war es üblich, daß menschlichen Gliedmaßen ähnliche Körperteile aus ihr auszugehen schienen, selbst wenn ihre Hände und Füße deutlich sichtbar waren und festgehalten wurden. Vielleicht, so ihre Anhänger, sahen ihre Gegner die ektoplasmatischen Ausstülpungen – Pseudopodien (Scheinfüßchen) genannt – und haben sie mit ihren wirklichen Füßen verwechselt.

Es gibt aber noch einen anderen Aspekt bei Palladinos medialen Kräften, der nicht in Frage gestellt wurde, und der, wie es scheint, unter den gegebenen Bedingungen schwer vorzutäuschen gewesen wäre. Bei vielen Séancen materialisierten sich menschenähnliche Formen oder Körperteile. Mitunter sah man sie

Oben:
Eine Zeichnung von Eusapia Palladino, wie sie bei einer Séance an der Columbia Universität in New York im Jahr 1910 beim Betrügen ertappt wurde. Obwohl sie leugnete, gelegentlich zu schwindeln, gaben ihr die Amerikaner nie mehr eine Chance, ihre medialen Kräfte zu beweisen.

Links:
Professor Enrico Morselli war der Überzeugung, daß er „sechs Phantome" von menschenähnlicher Gestalt bei einer Séance der Palladino im Jahr 1902 gesehen hat. Die Palladino war für ihre Materialisationen bekannt, von denen sie einige bei recht guten Lichtverhältnissen erzeugte.

deutlich, und manchmal fühlten die Forscher sie durch den Vorhang des Kabinetts.

Professor E. Morselli machte mit acht anderen Forschern bei einer Séance am 1. März 1902 in Genf eine denkwürdige Erfahrung mit diesem Phänomen. Morselli untersuchte das Medium und band es dann so auf ein Feldbett fest, daß sie sich nicht freimachen konnte. Er und die anderen Anwesenden konnten bei ziemlich guten Lichtverhältnissen sechs Phantome erscheinen sehen. Morselli ging jedesmal, wenn die materialisierte Figur ins Kabinett zurückgegangen war, sofort auch dorthin, und jedesmal fand er das Medium immer noch genauso festgebunden, wie er es verlassen hatte.

Auch Professor Richet wurde Zeuge ihrer Fähigkeit, vorher nicht vorhandene Gegenstände zu materialisieren: „Mehr als 30 äußerst skeptische Wissenschaftler waren nach langen Untersuchungen davon überzeugt, daß aus ihrem Körper materielle Formen austraten, die zu leben schienen."

Dr. Joseph Venzano wohnte einer Séance am

16. Juni 1901 bei, in der sich mehrere Phantomhände materialisierten und die Anwesenden streiften. Dann umfaßten sie auch Venzanos Hände:

„Als meine Hand, von einer anderen geführt und nach oben gezogen, auf die materialisierte Gestalt traf, hatte ich sofort das Gefühl, eine hohe Stirn zu berühren, an der oben ziemlich lange, kräftige und sehr gepflegte Haare ansetzten. Als meine Hand dann langsam heruntergeführt wurde, stieß ich auf eine leicht adlerförmige Nase und noch weiter unten auf einen Schnurrbart und ein Kinn mit Spitzbart.

Vom Kinn dann wurde die Hand ein wenig bis vor den geöffneten Mund gehoben und sanft nach vorne geschoben, so daß mein Zeigefinger, immer noch von der Hand geführt, in die Mundhöhle gelangte und an der oberen Zahnreihe rieb, der auf der rechten Seite vier Backenzähne fehlten."

Dr. Venzano erkannte in der Materialisation einen Verwandten, der ihm sehr nahe gestanden hatte und einige Jahre zuvor gestorben war. Aber er war sich nicht sicher, welche Zähne diesem Verwandten gefehlt hatten. Bei späteren Nachforschungen ergab sich nun Übereinstimmung mit den Zahnlücken des Phantoms.

Obwohl die meisten Forscher von Palladinos medialen Fähigkeiten überzeugt waren, setzte doch die „Entlarvung" in Amerika ihrer internationalen Karriere ein Ende. In den nächsten acht Jahren bis zu ihrem Tod 1918 hörte man wenig von ihr, aber es ist bekannt, daß sie auch weiterhin in Italien bei Séancen physikalische Phänomene erzeugte.

Bis heute haftet etwas Rätselhaftes an Eusapia Palladino. Doch ohne Zweifel war sie für die Parapsychologie im 20. Jahrhundert von größter historischer Bedeutung, und vielleicht war sie das begabteste Medium der letzten 100 Jahre überhaupt.

Ein seltsames Bruder- paar, zwei bedeutende Medien

Willi und Rudi Schneider wurden in den zwanziger Jahren zu gefeierten Medien. Führende Parapsychologen und kritische Wissenschaftler der damaligen Zeit unterwarfen die Brüder selbst und die von Ihnen ausgehenden Phänomene einer rigorosen Untersuchung. Dennoch hielten sich bis heute Zweifel an der Wahrhaftigkeit der hier dargestellten Geschehnisse.

Im Frühjahr 1919 entstanden in der kleinen österreichischen Stadt Braunau erste Gerüchte: Es hieß, in der Wohnung von Herrn Josef Schneider gebe es Geisterbeschwörungen. Ein neuer großer Fall der Parapsychologie zeichnete sich ab. Zwanzig Jahre später bezeichnete der Forscher Harry Price dieses Braunau als „eine bezaubernde europäische Grenzstadt, die als Geburtsort von drei berühmten Persönlichkeiten bekannt geworden ist – Adolf Hitler sowie Willi und Rudi Schneider, den österreichischen Medien". Josef und Elise Schneider, die Eltern des Bruderpaares, hatten insgesamt zwölf Kinder, neun Jungen und drei Mädchen. Es überlebten nur sechs Jungen das zarte Kindesalter: Karl, Hans, Fritz, Willi, Franz und Rudi.

Rudi Schneider in Trance während einer Séance mit deutschen Psychologen.

Rudi, der jüngste der Buben, wurde am 27. Juli 1908 geboren. Aus Enttäuschung, daß es ein Junge geworden war, steckten seine Eltern den kleinen Rudi in Mädchenkleider, drehten ihm mit der Brennschere Locken und nannten ihn eine Zeitlang sogar „Rudolfine". Rudi schien diese „Geschlechtsumwandlung" ohne seelischen Schaden überstanden zu haben. Er entwickelte ein völlig normales jungenhaftes Interesse für Fußball und zeigte auch eine besondere Leidenschaft für Autos und Flugzeuge – eine Vorliebe, die auch sein fünf Jahre älterer Bruder Willi teilte.

Die Berichte über ihre ersten Auftritte als Medien zeigen leichte Abweichungen. Die verbreitetste Version weiß zu vermelden, daß im Frühjahr 1919 in Braunau stationierte Offiziere dadurch auffielen, daß sie im Papiergeschäft, das unter der Wohnung der Schneiders lag, größere Mengen Papier zu kaufen begannen. Die neugierig gewordene Familie fand bald heraus, daß die Offiziere spiritistische Sitzungen abhielten. Das Papier wurde gebraucht, um Botschaften von Geistern festzuhalten, die mit Hilfe einer sogenannten Planchette aufgezeichnet wurden. Eine Planchette ist eines der bekanntesten Geräte des Spiritismus. Es stellt eine Art dreibeiniges Tischchen dar, bei dem zwei Beine auf Kugeln laufen, das dritte ist ein durch die Platte gesteckter Bleistift. Ohne bewußte Steuerung, in Trance oder Hypnose, schreiben speziell veranlagte Medien automatisch mit einem solchen Gerät.

Frau Schneider und einige Freunde der Fa-

Es ist belegt, daß Lola englisch sprach, während „Olga" es nicht einmal verstehen konnte. Später wurde Olga noch mehrmals nach Einzelheiten aus dem Leben von Lola Montez befragt. Sie konnte keine Antwort geben. Es hat den Anschein, als sei ihre Identität das Ergebnis des Wunschdenkens der Teilnehmer an diesen Séancen. Weder Willi noch Olga selbst hatten diese Identität betont.

Vater Schneider fragte Olga, ob die Familie ihr irgendwie helfen könnte. Sie schrieb, das könnte sie tatsächlich: Ob sie denn bitte für ihren Seelenfrieden einige Messen lesen lassen könnte? Die Schneiders waren katholisch und fromm genug, diesem Wunsch nachzukommen. Die Messen wurden gelesen, die Séancen gingen weiter. Olga war für die Hilfe offensichtlich dankbar und versprach, sie werde ihre Namen zum Dank weltberühmt machen. Sie hielt ihr Versprechen: Die Ereignisse jenes Tages standen am Beginn einer Reihe paranormaler Erscheinungen, welche die Welt aufhorchen lassen sollte.

Olga wies die Familie an, einen Küchenstuhl mit einem großen Tuch zu bedecken und einige Gegenstände – darunter Taschentücher und eine Schüssel mit Wasser – danebenzustellen. Willi saß dem Stuhl am nächsten, und kurz darauf ereigneten sich seltsame Dinge,

milie beschlossen, nachdem sie das seltsame Spiel der Offiziere entdeckt hatten, selbst mit einer Planchette zu experimentieren. Ein Erfolg stellte sich aber nicht ein: Keine Botschaft zeichnete sich ab. Einige der Söhne versuchten es auch, aber die Planchette bewegte sich nicht. Erst als Willi eines Nachmittags einen Versuch machte, rutschte die Planchette über das Papier.

Josef Schneider, von allen liebevoll „Vater Schneider" genannt, erklärte, was dann geschah:

„Die Planchette begann, in schöner Schrift das Wort ,Olga' zu schreiben. Alle waren erstaunt, und einer aus der Runde rief aus: ,Welche Olga bist du denn?' Antwort: ,Ich bin Lola Montez, die Mätresse von König Ludwig von Bayern.' Jetzt begann das Verhör, und jeden Tag gab es bei uns Tischrücken und Schreiben mit der Planchette, meist bis Mitternacht."

Anfänglich schien sich die Planchette, wenn Willis Hand auf ihr ruhte, ganz widerstandslos zu bewegen. Dann schien sie sich eines Tages sogar zu bewegen, wenn seine Hand nicht auf ihr lag und lediglich in der Luft über ihr schwebte. Als die Befragung weiterging schien Olga nicht mehr zu behaupten oder zu wiederholen, sie sei Lola Montez. Die historische Lola Montez war eine faszinierende und temperamentvolle irisch-spanische Tänzerin und die Geliebte König Ludwigs I. von Bayern gewesen, der sie zur Gräfin Landsberg gemacht hatte. Ludwig mußte im Revolutionsjahr 1848 abdanken. Manche behaupten, wegen seiner Liaison mit Lola, der letzten großen Mätresse der europäischen Kulturgeschichte.

Oben:
Elise und Josef Schneider mit ihren medial begabten Söhnen Rudi und Willi. Josef, der in einer Braunauer Druckerei als Setzer arbeitete, hielt die Séancen Rudis in zwei dicken Notizbüchern fest, die in der parapsychologischen Literatur als „Vater Schneiders Geisterbücher" bekanntgeworden sind.

Rechts:
Lola Montez, Tänzerin und berühmte Schönheit, lebte von 1818 bis 1861 und hatte eine berüchtigte Liaison mit König Ludwig I. von Bayern, die ihn vielleicht den Thron gekostet hat. „Olga", die Willi Schneider als spiritistisches Medium benutzte, behauptete zunächst, Lola Montez zu sein; aber Olga konnte kein Englisch, obwohl Lola Montez die Tochter eines britischen Armeeoffiziers war; überdies konnte Olga keine Details aus Lolas Leben nennen.

Wasser spritzte aus der Schüssel, zwei winzige Hände zeigten sich, man hörte Händeklatschen, selbst Gegenstände in der Nähe des Stuhls sollen sich bewegt haben; so wurde beispielsweise ein Taschentuch unter das große Tuch gezogen und anschließend mit Knoten an allen vier Ecken herausgeworfen. Mitunter schienen die winzigen Geisterhände die Hände der Anwesenden zu streicheln. Willi ließ das alles unbeeindruckt; er schien sich nur über das Chaos um ihn herum zu freuen.

Einer der Zeugen dieser Ereignisse war ein Hauptmann Kogelnik, ein Mann, dem ursprünglich keinerlei Hang zum Okkulten nachgesagt werden konnte und der eigentlich Erscheinungen wie „Olga" eher als betrügerischen Humbug abzutun pflegte. Die erste Begegnung mit den medialen Fähigkeiten Willi Schneiders schien ihn jedoch tief berührt zu haben. Und die Begründung dafür ist einsichtig. Kogelniks Äußerungen zufolge war die Gabe Willis, spiritistische Erscheinungen hervorzurufen, in jenen frühen Tagen, als er noch nicht international berühmt geworden war, auf dem Höhepunkt:

„Willi machte nicht den kleinsten Versuch, die übersinnlichen Phänomene durch normale Mittel zu unterstützen. Er fiel nie in Trance: Er beobachtete die Erscheinungen mit dem gleichen wachen Interesse wie alle Anwesenden."

Kogelnik beschreibt, wie sich einmal das Tuch auf dem Küchenstuhl hob und eine kleine Hand zum Vorschein kam: „Ich packte die Hand sofort mit einem festen Griff und wollte sie gerade hervorziehen, als meine geschlossene Hand plötzlich leer war und einen kräftigen Schlag erhielt."

Unten links:
Die kleine österreichische Stadt Braunau am Inn, in der Willi und Rudi Schneider geboren wurden und aufwuchsen.

Unten rechts:
Willi in einer seiner frühen Séancen beim Erzeugen von Ektoplasma. Augenzeugen berichten, das Ektoplasma sei eine spinnwebenähnliche Substanz gewesen oder ein wellenförmiger phosphoreszierender Nebel, der vom Kopf des Jungen aufgestiegen sei.

Packende Phänomene

Kogelnik besuchte die Schneiders regelmäßig und beobachtete die Fähigkeit Willis. So wurde er immer stärker überzeugt, realen spiritistischen Erscheinungen beizuwohnen. Diese seien, wie er schrieb, überwältigend gewesen:

„Einmal wurde eine Zither in der Nähe des Tischtuchs auf den Fußboden gelegt. Plötzlich kam unter dem Tischtuch eine kleine Hand mit vier Fingern hervor, welche die Saiten strich und zu spielen versuchte. Diese Hand war deutlich sichtbar, ähnelte der Hand eines Kleinkindes und war in jeder Einzelheit bis zum Handgelenk gut entwickelt. Über dem Handgelenk wurde sie zu einem dünnen … glitzernden Strahl, der unter dem Tischtuch verschwand … Eine große Bürste wurde vor das Tischtuch gelegt. Die Hand ergriff die Bürste und begann, den Fußboden vor und hinter dem Tuch energisch zu bürsten …"

Anfänglich hatte Olga ihre Wünsche und Anweisungen bei vollem Bewußtsein Willis auf die Planchette geschrieben. Nach einiger Zeit jedoch begann sie, durch Willi selbst zu sprechen, aber dann befand er sich in Trance; bei diesen Gelegenheiten wurde seine Stimme zu einem fremd wirkenden, rauhen Flüstern. Um diese Zeit kam es auch zu einem anderen Phänomen: Willi begann, Ektoplasma zu er-

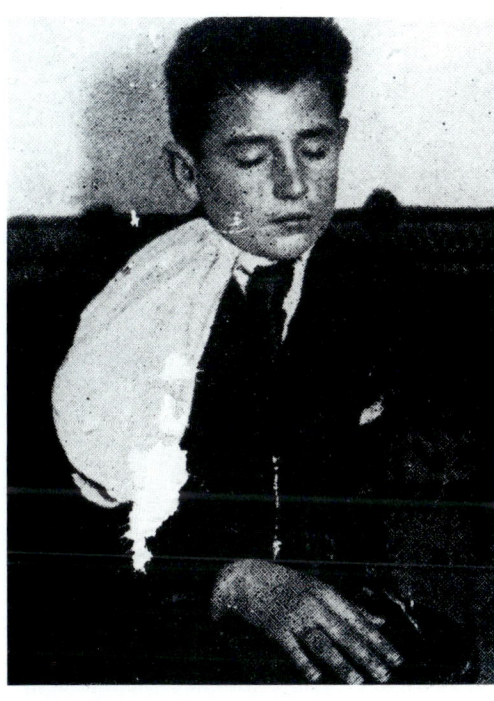

zeugen. Kogelnik beschrieb es als eine spinnwebenähnliche weiß-graue Substanz, die zunächst das Gesicht des Mediums bedeckte und sich dann auf der einen und danach auf der zweiten Schulter zeigte. Die Substanz schien sich spurlos aufzulösen. Eines Tages forderte Olga Kogelnik auf, genauer hinzusehen. Aus einer Entfernung von etwa 25 Zentimetern sah er einen schwachen, wellenförmigen, phosphoreszierenden Nebel, der vom Kopf des Jungen aufstieg. Er setzte sich dann wie eine Haube auf Willis Haar, bevor er durch die

Nase inhaliert im Körper des Jungen verschwand.

Dies stellte aber noch nicht die ungewöhnlichste Begebenheit dar. Einmal tanzte ein anderthalb Meter großes Phantom vor den entzückten Zuschauern einen Tango, bevor es verschwand – vielleicht auf der Suche nach einem Tanzpartner.

Kein Wunder, daß Willis Phänomene schon bald die Aufmerksamkeit der Braunauer und selbst des Auslands auf sich zogen. Mehrere Wissenschaftler reisten nach Braunau, um sich an Ort und Stelle zu informieren. Zu den wichtigsten Erforschern parapsychologischer Phänomene gehörte damals Albert Freiherr von Schrenck-Notzing, der auch mit Sigmund Freud zusammengearbeitet hatte. Kogelnik nahm mit ihm Verbindung auf, weil er davon ausgehen konnte, daß er sich für Willi interessieren würde.

Schrenck-Notzing begann im Dezember 1921, systematisch mit dem Jungen zu experimentieren; diese Versuche dauerten mehrere Jahre. Es kam zu insgesamt 124 Sitzungen mit Willi. Schrenck-Notzing war Arzt und Ge-

Die Blitzlichtaufnahme (unten) von einer von Willis Séancen zeigt ein angebliches „Phantom", das an einem Vorhang befestigt ist (Pfeil). Sogar der große Schriftsteller und Nobelpreisträger Thomas Mann (oben) war von den übersinnlichen Kräften Willis überzeugt.

Geisterbücher

Vater Schneiders „Geisterbücher", eine vollständige Dokumentation sämtlicher Séancen Rudis, halfen ihm, als er wegen Betrugs angeklagt wurde. Zwei Wiener Professoren, Stefan Meyer und Karl Przibram, die einer Séance mit Rudi beigewohnt hatten, behaupteten später, der Kontrolleur habe die Séance beeinflußt. Vater Schneider konnte die Integrität seines Sohnes verteidigen, indem er die Seite aus dem Notizbuch vorlegte (rechts), auf der die beiden Professoren das Protokoll der Séance gegengezeichnet hatten. Einer von ihnen hatte sogar vermerkt: „Die Kontrolle war einwandfrei." Sie mußten ihre Vorwürfe des Betrugs zurückziehen und sich mit der Äußerung begnügen, sie hätten eine „natürliche" Erklärung für die Phänomene gefunden.

richtspsychologe, kein Mann also, dem man leicht etwas vormachen konnte. Vor allem ging es ihm nicht so sehr um die Interpretation von Phänomenen, sondern um ihre exakte Beschreibung und Sicherung für die Wissenschaft. Die Ergebnisse seiner Arbeit mit Willi veröffentlichte Schrenck-Notzing 1924. An den Experimenten nahmen 27 Universitätsdozenten und 24 andere interessierte Personen teil, darunter Ärzte und Schriftsteller. Die Untersuchungen sollen zu sehr positiven Ergebnissen geführt haben. Es wurde gesagt, alle Phänomene in der Schneiderschen Wohnung konnten im Labor Schrenck-Notzing in München wiederholt werden.

Auch zwei britische Wissenschaftler beteiligten sich an den Untersuchungen, Dr. E. J. Dingwall und der bereits erwähnte Harry Price. Sie kamen im Mai 1922 nach München. Schrenck-Notzing ließ es offensichtlich „mit einigem Amüsement" geschehen, daß die Briten nach Falltüren und doppelten Wänden suchten. Nachdem sie sich überzeugt hatten, daß der Raum nur durch die Eingangstür betreten werden konnte, wurde diese abgeschlossen und für die Dauer der Experimente versiegelt. Diese Vorsichtsmaßnahmen hatten auf Willi keine Wirkung. Er erzeugte einige außergewöhnliche Phänomene, darunter das freie Schweben, eine sogenannte Levitation, eines Tisches. Dieser erhob sich mit solcher Gewalt in die Luft, daß Dingwall ihn nicht auf dem Fußboden halten konnte. Nach einer Reihe von Versuchen kam Dingwall zu dem Schluß, die Beweise wären so schlüssig, daß von Phänomenen gesprochen werden könne, die auf „übersinnliche Ursachen" zurückzuführen seien. Damals mochte sich Dingwall nicht mit dem Gedanken anfreunden, sie, alles angesehene Wissenschaftler, könnten auf einen Schwindel hereingefallen sein. Dingwall hielt die-

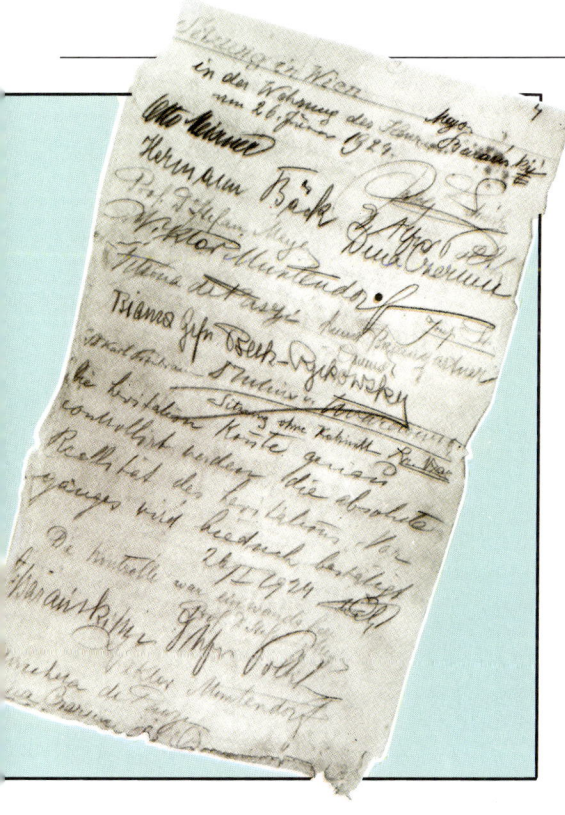

blick an großes Interesse für die medialen Gaben Rudis an den Tag und begann sofort mit Experimenten. Zunächst fanden diese in Braunau statt. Später wurde der Junge im Münchner Labor des Barons untersucht. Die Kräfte, die Rudi zu besitzen schien, waren denen seines Bruders zumindest gleichrangig.

Vater Schneider entschloß sich vom ersten Tag an, die Fortschritte seines zweiten medial begabten Sohnes schriftlich zu dokumentieren. Schneider lernte rasch, worauf es bei der Dokumentation von Beweisen ankommt. Seine lange Erfahrung mit Willi überzeugte ihn von der Notwendigkeit systematischer Aufzeichnungen über jede Séance, an der Rudi teilnahm. Das war eine erhebliche Zahl. Bei jeder Sitzung notierte Schneider die Namen der Anwesenden, das Datum und den Ort in einem dicken Notizbuch. Dann protokollierte er – oder ein anderer, der den Auftrag dazu erhalten hatte – alles, was sich während der Séance ereignet hatte. Schließlich wurden alle Teilnehmer gebeten, den Bericht zu unterschreiben und eventuelle Bemerkungen zu machen.

Rudi bei einem der rigorosen Tests des britischen Wissenschaftlers Harry Price, der ihn zu einer Reihe von Experimenten unter der Schirmherrschaft des National Laboratory of Psychical Research nach England eingeladen hatte. Während Rudis Aufenthalt in London wurde ihm das Hotel sowie ein Honorar von drei Pfund Sterling pro Woche bezahlt. Wie Harry Price bemerkte, war das ein höherer Lohn als der, den Rudi in seinem erlernten Beruf als Mechaniker bezog.

se Anfangsüberzeugung aber seltsamerweise nicht aufrecht: Einige Zeit später erklärte er, Schrenck-Notzing selbst müsse in irgendeiner Form für die Dinge verantwortlich sein, die sie mitangesehen hätten. Es ist jedoch schwer vorstellbar, wie der Baron ein solches Kunststück vollbracht haben soll.

Die medialen Fähigkeiten Willis nahmen allmählich ab. Als er 1924 nach London kam, um dort an Experimenten teilzunehmen, waren seine Leistungen bereits enttäuschend. 1919 jedoch, noch auf der Höhe seines Könnens, hatte Olga eine ihrer seltsamsten Äußerungen gemacht. In dem heiseren, atemlosen Flüsterton, der für den Trancezustand Willis charakteristisch war, wünschte sie Rudi anstelle von Willi als Medium. Die Schneiders erhoben Einwände: Rudi sei erst elf, dürfe abends nicht lange aufbleiben, und auch könne er Angst bekommen. Olga blieb aber fest. „Er wird kommen!" sagte sie. Als die Schneiders noch mit Olga argumentierten, ging die Tür auf, und Rudi betrat den Raum. Er machte den Eindruck eines Schlafwandlers: Seine Augen waren fest geschlossen, und er hielt die Hände ausgestreckt. Von dem Moment, da er sich hinsetzte, kam es zu Phänomenen.

Der neue spiritistische Star

Rudi fiel in Trance und sprach als Olga. Willi nahm unterdessen, wie es schien, eine neue Persönlichkeit an, die sich selbst als „Mina" bezeichnete und mit einer Stimme sprach, die vollkommen anders klang als die, mit der Willi früher in Trance gesprochen hatte. Fortan sprach Olga nie mehr durch Willi. Da seine medialen Fähigkeiten jetzt offenkundig immer mehr nachließen, stand sein jüngerer Bruder bald im Mittelpunkt des Interesses.

Schrenck-Notzing legte vom ersten Augen-

Ein Medium im Test der Wissenschaft

Obwohl aufwendige Untersuchungen die Skeptiker eigentlich davon über-zeugt hatten, daß Rudi Schneider ein echtes Medium war, wurde sein Ruf schließlich doch zweifelhaft, und zwar geriet er ausgerechnet durch das Wirken eines Menschen in Verruf, der von seinen Fähigkeiten am meisten überzeugt war.

Rudi Schneiders Vater schrieb die paranor-malen Phänomene, die das junge Medium zeigte, über einen Zeitraum von acht Jahren peinlich genau auf.

Die Analyse der Aufzeichnungen ergibt, daß Rudi vier unterschiedliche Phänomene erzeu-gen konnte: Objektbewegung, Materialisation, Levitation des ganzen Körpers und das Gefühl der Zuschauer, berührt zu werden.

Trotz aller Bemühungen um Objektivität des Verfassers der „Geisterbücher" sind seine Angaben nicht ganz vollständig. Es gibt kaum Aussagen darüber, wie heftig die Bewegungen der Gegenstände waren, wie häufig sie pro Sitzung vorkamen, wie lange die Materialisa-tionen andauerten und so weiter. Trotzdem ist es möglich gewesen, einige interessante Infor-

Rudi Schneider (rechts) entdeckte in Braunau (oben) mit 11 Jahren seine medialen Kräfte. Seine ersten Séancen hielt er in einem Zimmer der elterlichen Wohnung (oben rechts) am Stadtplatz ab.

mationen zusammenzutragen, die erkennen lassen, daß Rudi mit Sicherheit kein Betrüger war.

Am häufigsten waren Sitzungen, in denen man nur Objektbewegungen beobachtete. Interessant ist, daß niemals allein von Materialisation berichtet wird. Wo immer die Séancen stattfanden, wurden auch Objekte bewegt. Bemerkenswert ist auch, daß das Gefühl, berührt zu werden, relativ am seltensten auftrat, obwohl es wahrscheinlich am ehesten eingebildet oder vorgetäuscht werden kann.

Heim- und Auswärtsspiele

Um festzustellen, ob im Schneiderschen Hause in Braunau die gleichen Arten von Séancen stattfanden wie anderswo, teilte man die Sitzungen, ähnlich wie Fußballspiele, ein nach „daheim" oder „auswärts". Es wäre verdächtig gewesen, wenn bestimmte Phänomene nur in Braunau aufgetreten wären. Aber das war, wie die Untersuchung zeigte, nicht der Fall. Auch wenn die auswärts gegebenen Séancen eher weniger erfolgreich schienen, so traten doch alle Phänomene, von denen in den Braunauer Sitzungen berichtet wird, auch auswärts auf.

Beim sorgfältigen Studium der Daten kann man erkennen, daß die Anwesenheit einiger der häufigsten Teilnehmer zu ergiebigeren und vielfältigeren Sitzungen führte, und daß wenig vollkommen ereignislose Séancen abliefen, wenn sie dabei waren. Zum Beispiel schien die Anwesenheit von Rudis Bruder Karl und dessen Frau Rosa die Phänomene zu begünstigen, aber sie waren auch bei negativen Séancen zugegen, so daß dies nicht bedeuten kann, daß eine Absprache mit Rudi bestanden habe. Außerdem traten alle berichteten Phänomene auch ohne diese speziellen Teilnehmer auf.

Vater Schneiders Bücher bilden nicht den einzigen Beweis für Rudis mediale Eigenschaften. Er wurde auch außerhalb seiner Heimat in London und in Paris untersucht.

Der Parapsychologe Harry Price lud Rudi im Jahre 1929 zu einer Reihe Séancen in das National Laboratory of Psychical Research in London ein. In Price's Sitzungen traten ziemlich die gleichen Phänomene auf wie in Braunau und München, wo man Rudis Bruder Willi untersucht hatte. Taschentücher verknoteten sich, eine Tischglocke segelte durch die Luft, ein ausgeschnittenes Stück Karton, mit leuchtender Farbe angemalt, schwebte im Raum umher, Teilnehmer hatten das Gefühl, als ob sie von unsichtbaren Händen berührt würden, Nebel und schneemannartige Gebilde wurden gesehen und Gegenstände gewaltsam aus den Händen der Anwesenden gerissen.

Viele Zeugen waren von dem, was sie sahen, beeindruckt, und Price selber triumphierte. In seinem Buch *Rudi Schneider*, in dem er die Sitzungen beschreibt, behauptet Price, daß es keine Rolle spielen würde, wie oft Rudi sich in Zukunft der Öffentlichkeit stellen würde, nachdem er, Price, nun die tatsächliche Existenz solcher Phänomene demonstriert habe.

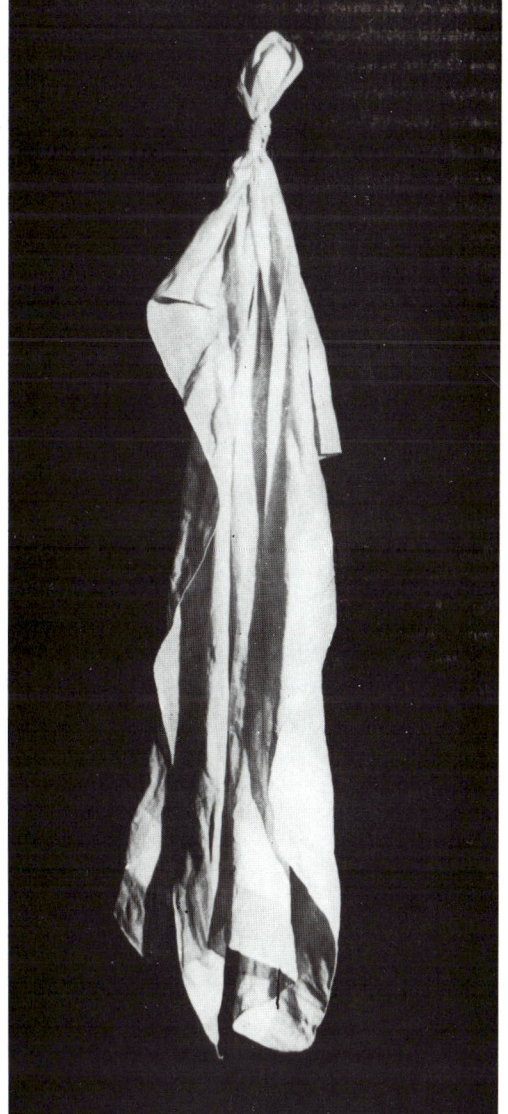

Am häufigsten traten physikalische Phänomene in Rudis Séancen auf, zum Beispiel das Verknoten eines Taschentuchs (rechts). Um zu prüfen, ob er die Gegenstände wirklich durch mediale Kräfte bewegte, entwickelte der Franzose Eugène Osty für sein Labor in Paris (unten) einen besonderen Apparat, der einen Infrarotstrahl aussandte, um die Zielobjekte zu überwachen. Sobald ein Gegenstand in den Strahlenkegel geriet, wurde eine Kamera ausgelöst und eine Blitzlichtaufnahme gemacht. Bei mehreren Sitzungen von Rudi löste der Infrarotstrahl die Kamera aus – aber die entstandenen Aufnahmen lieferten kein Indiz für Betrug.

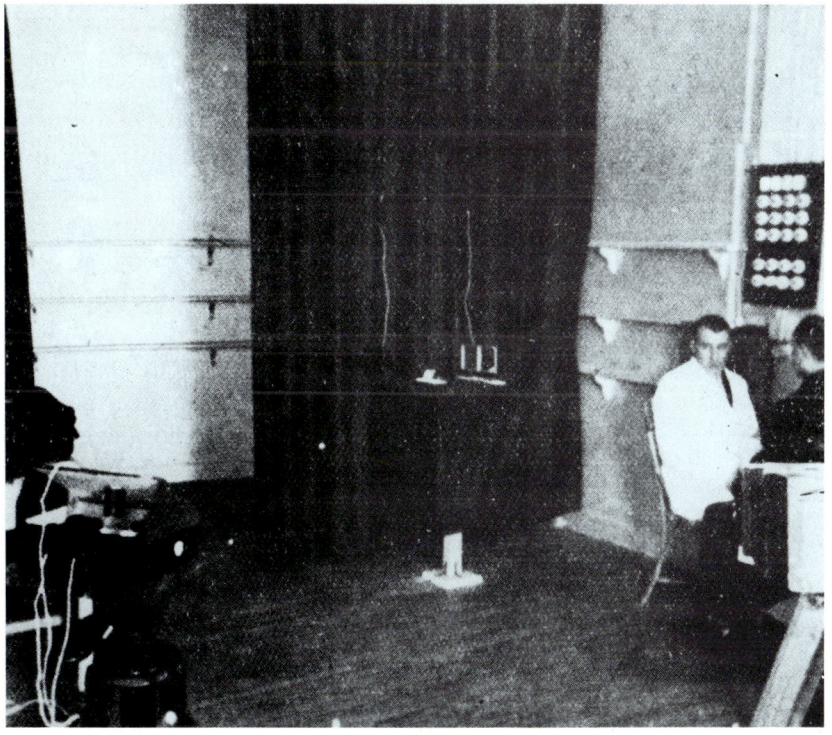

Die Dinge entwickelten sich jedoch anders, und ironischerweise war es Price selber, der mehr als jeder andere Rudis Ruf zerstören und Zweifel an der Echtheit seiner Phänomene verbreiten sollte.

Erste Schwierigkeiten zeichneten sich dadurch ab, daß Rudi bei den Parapsychologen sehr gefragt war und Harry Price begonnen hatte, ihn als sein Studienobjekt zu betrachten. Eigentlich war es ja Freihherr v. Schrenck-Notzing gewesen, welcher schon Willi Schneider untersucht hatte, der Rudi zu Ruhm verholfen hatte. Aber als v. Schrenck-Notzing starb, versuchte Price sofort, das Medium allein für sich zu gewinnen. Seine besitzergreifende Art sollte Rudis Karriere schaden.

Auch der französische Parapsychologe Eugè-

ne Osty testete Rudi. Während einer seiner Versuche im Jahre 1931 in Paris machte Osty eine äußerst wichtige Entdeckung auf dem Gebiet der paranormalen Forschung.

Einer der wichtigsten Streitpunkte bei der Untersuchung von Medien dreht sich ganz offensichtlich um die Frage der Kontrolle. Ein Medium muß, besonders wenn die Sitzungen im Dunkeln stattfinden, auf irgendeine Weise gesichert oder überwacht werden, um auszuschalten, daß es die Phänomene geschickt vortäuscht. Befindet sich ein Medium in Trance, mag es sich nicht voll dessen bewußt sein, was es tut. Wird erwartet, daß es einen Tisch bewegt, so kann es dies tun, indem es zum Beispiel seinen Fuß benutzt, auch ohne sich dieser Tatsache voll bewußt zu sein.

Rudi wurde während der Experimente entweder von zwei links und rechts von ihm sitzenden Teilnehmern festgehalten oder an einen elektrischen Apparat angeschlossen, der jede Bewegung seinerseits anzeige. Osty entwickelte die Idee, sich nicht in erster Linie auf das Medium zu konzentrieren, sondern den Gegenstand zu beobachten, der sich auf paranormale Weise bewegen sollte: die Glocke, das

Während Eugène Osty (oben) seine Infrarotanlage zur Überwachung der Séancen entwickelte, hatte der englische Parapsychologe Harry Price einen eigenen Apparat zur Aufzeichnung der Phänomene hergestellt. Er bestand aus einem kastenförmigen Tisch, dessen Oberteil wie bei einer Waage auf messerscharfen Kanten auflag (rechts), und jede Bewegung eines sich darauf befindlichen Taschentuchs oder anderer Gegenstände löste eine Blitzlichtkamera aus. Mit dieser Vorrichtung wurde am 25. Februar 1932 bei einer Sitzung mit Rudi Schneider das Bild (oben links) gemacht, auf dem sich ein Taschentuch anscheinend durch psychokinetische Kräfte bewegt.

Taschentuch usw. Osty und sein Sohn Marcel, ein Ingenieur, erfanden einen Infrarotlichtapparat, der die Objekte überwachen soll. Falls sich eine Hand oder irgendein Apparat ausstrecken und gar einen der Gegenstände berühren sollte, wird eine Lichtschranke unterbrochen und eine Kamera ausgelöst. (Das ist heute noch die gängigste Überwachungsmethode.)

Was unter solchen Vorbereitungen und Vorkehrungen gegen bewußte Täuschung geschah, war für alle Beteiligten höchst überraschend: Rudi fiel in Trance, sein Kontrollgeist Olga tauchte auf und erklärte, daß sie das Taschentuch aufnehmen würde. Sofort löste die Infrarotschranke einen Blitz aus und die Kamera photographierte. Aber auf der Aufnahme war nichts Außergewöhnliches zu erkennen.

Anfänglich glaubte man, daß die Instrumente versagt hätten, der Apparat wurde von neuem aufgestellt, Rudi fiel wieder in Trance, und die ganze Szene wiederholte sich. Wieder enthüllte die Kamera gar nichts. Olga beschwerte sich daraufhin, daß der Blitz sie gestört und davon abgehalten hätte, das Taschentuch aufzunehmen.

Man untersuchte den Aufbau und wiederholte das Experiment mehrere Male, aber immer mit dem selben Ergebnis. Osty begann den Verdacht zu äußern, daß die Einwirkung auf die Infrarotstrahlen selbst paranormal war, da das Auslösen des Schalters immer auf Olgas Ankündigung, einen Gegenstand zu bewegen, folgte. Und es scheint, daß Osty Recht hatte, denn man überredete Olga schließlich, den Infrarotmechanismus auf Anweisung auszulösen. Es war, als würde eine Form dünner Materie aus dem Medium austreten, wenn seine Trancepersönlichkeit Olga den Versuch

unternahm, den Gegenstand auf dem Tisch zu erreichen. Dieser, bei hellem Licht unsichtbare Stoff, reichte jedoch aus, um die Infrarotstrahlung zu unterbrechen oder zu absorbieren.

Diese Beobachtungen gehören vielleicht zu den wichtigsten überhaupt, die jemals mit Medien im Bereich der Paraphysik gemacht wurden. Man wiederholte sie im darauffolgenden Jahr in einer Versuchsreihe, die Lord Charles Hope mit Apparaten leitete, die unter Aufsicht von C. C. L. Gregory gebaut worden waren, dem damaligen Direktor des angesehenen Observatoriums der Universität London.

Price wird unfair

Nach diesen Versuchen machte wieder Harry Price von sich reden. Er untersuchte Rudi erneut und benutzte dieses Mal ebenfalls eine Infrarotausrüstung. Die Ergebnisse waren gut, Price zeigte sich aber trotzdem nicht zufrieden. Er verübelte dem Jungen, daß er sich von anderen Forschern untersuchen ließ und startete eine Hetzkampagne gegen Osty und jeden anderen, der an „konkurrierenden" Untersuchungen Rudis beteiligt war. Price spann ein weitverzweigtes, raffiniertes Lügennetz um Rudi Schneider und veröffentlichte schließlich ein Photo, das Rudi angeblich mit einer freien Hand während einer Sitzung zeigte. Damit sollte enthüllt werden, wie der Junge ohne Wissen des Untersuchers betrügen könne. Der Untersucher auf diesem Photo war aber kein anderer als Price selber.

Es läßt sich darüber streiten, ob dieses Photo eine Fälschung war. Aber eigentlich sagte es gar nichts aus. Denn Rudi konnte selbst mit einer freien Hand die Zielobjekte nicht erreichen und deswegen auch nicht die Infrarotschranke unterbrechen.

Das Photo, das Rudi diskreditierte, wurde am 28. April 1932 bei einer Sitzung in Harry Prices National Laboratory of Psychical Research in London aufgenommen. Das Bild zeigt Rudi (in der Gruppe links, mit dem Rücken zur Kamera), der linke Arm, der nicht festgehalten wird, ist nach hinten ausgestreckt. Price beabsichtigte, mit der Veröffentlichung dieses Photos offensichtlich, Fachkollegen zu diskreditieren, die Rudi untersucht hatten, indem er zeigte, wie einfach das Medium unbemerkt die Kontrolle des Beobachters (in diesem Fall ihn selber) umgehen konnte. Die Veröffentlichung des Bildes zerstörte Rudis Glaubwürdigkeit. Seine medialen Kräfte waren ohnehin im Schwinden, und so kehrte er nach Österreich zurück, heiratete und eröffnete eine Fahrschule.

Es besteht kein Zweifel darüber, daß Price in zerstörerischer Absicht, getrieben von Eigennutz und Bosheit, gehandelt hat. Er wußte, welche Wirkung die Veröffentlichung eines solchen Fotos auf die Öffentlichkeit und auch auf die Parapsychologen haben würde: Der Skandal würde alles in Zweifel ziehen und Medien und Forscher diskreditieren. Wissenschaftler würden sich bald zurückziehen und alles dementieren, und Rudi Schneider würde ebenso in Verdacht geraten zu betrügen, wie andere Medien vor ihm.

Als Price ein Jahr nach der besagten Sitzung das Photo veröffentlichte, hatten Rudis mediale Kräfte begonnen nachzulassen. Die meisten Sitzungen waren erfolglos. Nur noch sehr selten konnte man kleine Objektbewegungen beobachten. Selbst die Einwirkung auf die Infrarotstrahlung wurde nur noch selten festgestellt.

Im Jahr 1957 starb Rudi Schneider im Alter von 49 Jahren an einer Gehirnblutung. Sein Bruder Willi überlebte ihn um fast 10 Jahre.

Rudi Schneider verdankt seine Bedeutung als Medium den umfangreichen und sorgfältigen Untersuchungen, einigen brillanten Dokumentationen und Ostys ausgeklügelten Experimenten. Obwohl gegen ihn der Vorwurf des Betrugs erhoben wurde, beeindruckte und überzeugte Rudi viele Leute, und auch noch Jahre später sind die Geschehnisse seiner Sitzungen aufwühlend, auch für kritische Menschen.

Das andere Ich

Ein dreizehnjähriges Mädchen behauptete, von dem Geist einer jungen, längst verstorbenen Frau besessen zu sein und schlüpfte völlig in deren Rolle. Sie zog zu den Eltern der toten Frau und lebte als deren Tochter. Dieses Kapitel erzählt die Geschichte einer Reinkarnation in einer amerikanischen Kleinstadt.

Das „Watseka-Wunder" ist einer der außergewöhnlichsten und am besten belegten Fälle offensichtlicher Besessenheit. Im Mittelpunkt des Geschehens steht Mary Lurancy Vennum. Sie wurde im April 1864 in der Nähe von Watseka im US-Staat Illinois geboren. Bis sie dreizehn Jahre alt war, entwickelte sie sich völlig normal und erfreute sich einer guten Gesundheit. Eines Tages, im Juli 1877, sagte sie zu ihren Eltern: „Letzte Nacht waren Leute in meinem Zimmer. Sie haben gerufen ‚Rancy! Rancy!', und ich habe ihren Atem auf meinem Gesicht gespürt." In der darauffolgenden Nacht verließ sie ihr Bett und jammerte bei ihren Eltern, daß sie nicht schlafen könne, da sie, immer, wenn sie versuche einzuschlafen, Stimmen „Rancy! Rancy!" rufen höre. (Rancy ist Rufname von Larancy.)

Diesen Ereignissen folgte wenige Tage später ein hysterischer Anfall. Am darauffolgenden Tag erlitt sie einen weiteren Anfall, nach dem sie ihrer Familie eröffnet hatte, sie könne den Himmel, Engel, aber auch Menschen sehen, die schon tot seien und die sie gekannt habe. Die Anfälle, die sie in einen tranceähnlichen Zustand versetzten, wiederholten sich. Ihre Familie befürchtete auf Grund ihrer hysterisch wirren Äußerungen, daß sie geistesgestört sei.

Auf Vorschlag eines befreundeten Ehepaares, Herrn und Frau Roff, suchten die Vennums den Rat des Arztes und Spiritisten Dr. E. W. Stevens aus Janisville (Wisconsin) und vereinbarten Anfang 1878 ein Treffen mit

Oben:
Watseka im Staate Illinois (USA) im ausgehenden 19. Jahrhundert. Der Spiritismus erlebte damals in Amerika einen ersten Aufschwung, die Leute hungerten danach, Geschichten über wiederkehrende „Geister" zu hören.

Rechts:
Lurancy Vennum, die von zahlreichen „Geistern" bedrängt wurde, bis ein einzelner Geist sie für mehrere Monate beherrschte. Er behauptete, der Geist von Mary Roff (ganz rechts) zu sein, die 13 Jahre zuvor, im Alter von 18 Jahren, im Wahnsinn gestorben war. Mary hatte immer wieder merkwürdige Anfälle gehabt, in denen sie angeblich übersinnliche Phänomene erzeugte.

ihm, an dem die Vennums und Herr Roff teilnahmen. Lurancy schien tatsächlich von mehreren, sie abwechselnd ergreifender Wesen besessen zu sein. Dr. Stevens gelang es, sie zu hypnotisieren. Das Mädchen beruhigte sich und erklärte, sie sei von bösen Geistern beherrscht. Außerdem sei da ein Geist, der ihr helfen wolle, und sie nannte seinen Namen … Mary Roff. Als Herr Roff das vernahm, stieß er aus: „Das ist meine Tochter, Mary Roff, das ist mein Mädchen. Warum, sie ist schon seit 12 Jahren im Himmel. Oh, ja, laß sie kommen, wir freuen uns, sie bei uns zu haben."

Mary Roff hatte bis zu ihrem Tod kurz vor Vollendung ihres 19. Lebensjahres im Juli 1865 in Watseka gelebt. Lurancy war also bei ihrem Ableben etwas über ein Jahr alt gewesen. Mary Roff hatte seit ihrem sechsten Lebensmonat an heftigen Anfällen gelitten, die sich im Lauf ihres Lebens verschlimmerten. Ihre Krankheit hatte sie bald in der Nachbarschaft berühmt-berüchtigt gemacht. Man sagte ihr hellseherische Fähigkeiten nach.

Als Lurancy behauptete, daß der Geist von Mary zurückgekehrt sei, bekräftigte der erregte Herr Roff, daß gerade Mary ihr wegen ganz ähnlicher durchgemachter Leiden helfen könne. Lurancy erklärte, daß Mary die anderen Geister verdrängen würde, schlug überstürzt Herr Roff vor, daß Lurancy von ihrer Mutter zum Haus der Familie Roff gebracht werden würde. „... und Mary wird sicherlich mitkommen, und wir können beide einen Nutzen aus unserer früheren Erfahrung ziehen." Es kam vorerst nicht dazu. Man kann sich leicht den Wirrwarr der ausbrechenden Gefühle zweier Familien vorstellen – Angst, Hoffnung, Illu-

war „Mary" vor Freude überwältigt und bat, „mit ihnen nach Hause gehen zu dürfen."

Dr. Stevens, der auch Mary Roff behandelt hatte und den Fall Mary-Lurancy beschrieb, berichtet, daß „Mary" drei Monate lang bei den Roffs wohnte und von ihrem Verhalten her weitgehend mit der verstorbenen Roff-Tochter identisch war: Sie erkannte jeden der Bekannten von Mary und erinnerte sich an detaillierte Vorkommnisse ihrer Vergangenheit, die zum Teil 13 bis 25 Jahre zurücklagen. Wenn sie Freunde oder Verwandte der Roffs traf, die sie als „Mary" nun viele Jahre nicht gesehen hatte, erkannte sie diese wieder, bemerkte sogar Veränderungen in deren äußerer Erscheinung.

Die unglückliche Familie Vennum besuchte die Roffs gelegentlich, um zu sehen, wie es um ihre Tochter stand – wenn sie noch immer ihre Tochter war! Das Mädchen schien weder

Rechts:
Richard Hodgson, ein Skeptiker, der mehrere betrügerische Medien entlarvte, aber von der Echtheit einiger anderer überzeugt war. Er untersuchte den Fall von Lurancy Vennum und kam zu dem Schluß, daß ein Geist Lurancys Person in Besitz genommen hatte.

sion, Schock, Durcheinander und Verzweiflung. – Schon am nächsten Tag zeigte die Vennumtochter Charakterzüge wie Mary Roff. Im Laufe der folgenden Woche war das Mädchen „von sanftem Gemüt, einsichtig und höflich, aber schüchtern, kannte niemanden der eigenen Familie mehr und bat dennoch immer wieder, nach Hause gehen zu dürfen."

„Mary Roff" beherrschte sie auch weiterhin. Als ungefähr eine Woche später Mary Roffs Mutter und Schwester zu den Vennums zu Besuch kamen, sah Lurancy beide die Straße entlang kommen und rief: „Da kommen meine Mutti und meine Schwester Nervie". Die verstorbene Mary Roff hatte damals ihre Schwester Nervie genannt. Als sie ins Haus kamen,

die Mitglieder ihrer früheren Familie noch deren Freunde und Nachbarn wiederzuerkennen. In dem Maße wie sich die Besuche häuften, wurde sie zu ihnen freundlicher, gab aber auf jede Weise zu erkennen, daß sie für sie Fremde waren, die sie gerade kennengelernt hatte.

Diese außergewöhnliche Besessenheit dauerte bis zum 7. Mai 1878. An diesem Tag sagte „Mary" zu Frau Roff, daß Lurancy zurückkommen würde. Das Mädchen setzte sich hin, schloß die Augen und öffnete sie kurz darauf wieder. Sie schaute sich um und rief: „Wo bin ich? Das kenn' ich hier gar nicht!"

Frau Roff beruhigte sie zwar, aber das Mädchen hatte eindeutig wieder die Persönlichkeit von Lurancy angenommen. Sie bat, nun nach

Hause gehen zu dürfen, und blieb auch bei dieser Bitte, als sie kaum fünf Minuten später einen Rückschlag erlitt und die Persönlichkeit von „Mary" sie noch einmal ergriff. Von da an bis zum 19. Mai schwankte sie zwischen der Verkörperung von Mary und von Lurancy. Obwohl sie allmählich häufiger behauptete, wieder Lurancy zu sein. In Herrn Roffs Aufzeichnungen finden wir folgende Notiz vom Morgen des 21. Mai:

> „Mary soll heute den Körper von Rancy verlassen, sie sagt, so ungefähr um 11 Uhr. Sie verabschiedet sich von Nachbarn und Freunden. Rancy kehrt heute nach Hause zurück. Gestern abend um zehn Uhr kam „Mary" aus ihrem Schlafzimmer zu uns herunter, legte sich zu uns, umarmte und küßte uns und weinte, weil sie sich von uns verabschieden muß. Sie bat uns, Rancy all ihre Bilder, Murmeln, Postkarten und die 25 cent zu überlassen … und nahm uns das Versprechen ab, Rancy oft zu besuchen."

Zum Schluß wünschte „Mary", daß ihre angebliche Schwester – die inzwischen verheiratete Frau Alter – Lurancy zu dem Büro von Herrn Vennum bringen sollte. Was auch geschah. Als sie beide im Büro angekommen waren, hatte sich Lurancy vollkommen in der Gewalt. Sie akzeptierte ganz offensichtlich die Vennums als ihre Familie, ging zu deren Haus und zog wieder zufrieden bei ihnen ein.

Lurancy Vennums weiteres Leben verlief im wesentlichen normal. Im Januar 1882 heiratete sie den Farmer George Binning und gründete mit ihm eine Familie. Es gibt Berichte darüber, daß „Mary" gelegentlich von Lurancy wieder Besitz ergriff. Aber die Zeit der Anfälle und völligen Besessenheit war vorüber.

Dieser Fall, als Watseka-Wunder in die Geschichte der Parapsychologie eingegangen, wirft eine Reihe von Fragen auf. Die erste lau-

Als Lurancy Vennum zu Mary Roff „wurde", zog sie in das Haus der Familie Roff (oben). Die „neue" Mary erkannte viele Dinge aus dem Familienbesitz wieder. Nach einem mehrmonatigen Aufenthalt verabschiedete sich „Mary" wieder, Lurancy kam zurück und wurde im Haus der Vennums (unten) wieder als Tochter aufgenommen.

tet natürlich: Welche Authentizität kann man ihm zuschreiben?

Die erste Fallstudie veröffentlichte Dr. E. W. Stevens selbst – Dr. Stevens verfolgte den Fall sehr genau, interviewte die Hauptzeugen und hatte sich darüber hinaus seinen schriftlichen Bericht auch noch von beiden Elternpaaren bestätigen lassen. Sein Aufsatz wurde 1879 im *Religio-Philosophical Journal* veröffentlicht, und kurze Zeit später erschien ein Pamphlet mit dem Titel ‚Das Watseka-Wunder'.

Der Besuch eines Skeptikers

Der gefeierte und als skeptisch bekannte Parapsychologe Dr. Richard Hodgson, der bereits einige betrügerische Medien entlarvt hatte, kam 1890 nach Watseka und befragte die damals noch lebenden Hauptzeugen. Der Bericht über seine Feststellungen wurde am 20. Dezember 1890 im *Religio-Philosophical Journal* veröffentlicht: „Ich hege keinen Zweifel daran, daß sich die Ereignisse so zugetragen haben, wie sie in den Aufzeichnungen von Dr. Stevenson beschrieben werden, und aus meiner Sicht besteht – neben der spiritistischen – die zweite plausibel erscheinende Interpretationsmöglichkeit in der Annahme der Existenz einer zweiten Persönlichkeit mit übernormalen Fähigkeiten … Meiner persönlichen Meinung nach ist der Fall des Watseka-Wunders ein fundamentales Beispiel der spiritistischen Hypothese."

Hodgons Meinung nach gibt es keine Möglichkeit, den merkwürdigen Fall der Lurancy Vennum in der herkömmlichen Art rational zu erklären. Es muß auf zwei Möglichkeiten der Interpretation zurückgegriffen werden –

Was ist echt an Frau Piper...?

Leonora Piper entdeckte ihre außergewöhnlichen Fähigkeiten als Medium als sie, etwa im Alter von 20 Jahren, während einer Behandlung durch einen übersinnlichen Heiler in Trance fiel.

Leonora Piper aus Boston, Massachusetts, war wohl das am meisten untersuchte amerikanische Medium.

Der Parapsychologe Richard Hodgson stand einer spiritistischen Erklärung der in ihrer Gegenwart erscheinenden Kontrollgeister skeptisch gegenüber. Ebenso wie seine Kollegin Sidgwick neigte er zu der Annahme, daß die Kontrollgeister andere Erscheinungsformen oder Elemente ihrer Persönlichkeit waren. Aber dann erschien ein Kontrollgeist, der behauptete, George Pelham zu sein.

Pelham war ein Freund von Hodgson gewesen und hatte das Versprechen abgelegt, daß er, falls er als erster sterben und dann noch weiter existieren würde, alles daran setzen wolle, ihm einen Beweis dafür zu liefern. Zwei Jahre später starb er *tatsächlich* durch einen Unfall. Nach jahrelangen Untersuchungen des „Pelham" Kontrollgeistes war Hodgson restlos überzeugt: „Ich habe keine Zweifel daran, daß die Hauptkommunikatoren, die ich befragt habe ... wahrhaftig die Personen sind, die sie behaupten zu sein, und daß sie den Übergang, den wir Tod nennen, überlebt haben."

entweder auf die Annahme von Geistern oder auf die Existenz von multiplen Persönlichkeiten (Doppelbewußtsein in einer Person). Diese beiden Erklärungsmuster können eigentlich auf die Gesamtheit der parapsychologischen Phänomene bezogen werden.

Die spiritistische Hypothese, d.h., daß in diesem Fall der Körper der Lurancy Vennum vollkommen vom Geist der Mary Roff eingenommen worden war, wird noch durch einen ähnlichen Fall unterstützt, der von Ian Stevenson, Professor für Neurologie und Psychiatrie an der Universität Virginia, untersucht wurde. Ein kleiner, dreieinhalbjähriger indischer Junge, Jasbir Lal Jat, war nach einer Pockenerkrankung gestorben. Wenige Stunden nach Eintreten seines Todes lebte er jedoch wieder auf und entfaltete eine vollkommen andere Persönlichkeit. Er behauptete jetzt, ein Mann aus einem anderen Dorf zu sein, der vergiftet worden war. Seine detaillierte Kenntnis des früheren Lebens dieses Mannes überzeugte die Eltern des kleinen Jungen davon, daß er das alles nicht phantasierte. Man fand heraus, daß dieser Mann ungefähr zur selben Zeit scheintot war wie der Junge.

Wie die vielen von Dr. Stevenson und anderen gesammelten Fälle von offensichtlicher Reinkarnation mahnt dieser Fall zumindest zur Vorsicht vor übereilten Urteilen. Das „Watseka-Wunder" und der Fall des Jasbir Lal Jat zeigen, daß es wenig Sinn hat, die Hypo-

Professor Ian Stevenson, ein führender amerikanischer Reinkarnationsforscher.

these von echter „Besessenheit" einfach zu leugnen.

Hodgons zweite Theorie besagt, daß eine zweite Persönlichkeit der Lurancy Vennum sich ihrer außersinnlichen Wahrnehmung oder ihrer paragnostischen Kräfte, d.h. ihrer Erfahrungen, deren Zustandekommen unerklärlich sind, bedient hat, um Einzelheiten aus Mary Roffs Vergangenheit von ihren Zeitgenossen zu erfahren und sie dann in der Pseudopersönlichkeit der Mary Roff in Szene zu setzen. Die Dinge könnten natürlich auch so zusammenhängen. Warum Lurancy Vennums Unterbewußtsein dies hätte tun sollen, können wir nur vermuten. Fest steht jedoch, daß das Mädchen mit Menschen zusammenlebte, die einer spiritistischen These positiv gegenüber standen: Falls sie allein hysterischen Anfällen ausgesetzt gewesen wäre, hätte sie auf unbewußter Ebene wünschen können, ihnen das zu bieten, was sie wollten. Dazu hätte sie jedoch übersinnliche Kräfte haben müssen, um die vielschichtigen Details aus den Erinnerungen an Mary Roff zu sammeln.

Was auch immer die Wahrheit sein mag, gesichert scheint, daß Lurancy Vennum als „Mary Roff" zeigte, daß ein Mensch mehrere Monate lang an einer parapsychologischen „Invasion" leiden kann, und zwar in solchem Maße, daß der „rechtmäßige Bewohner" des Körpers vollkommen verdrängt wird, so als ob er nie dagewesen wäre.

Das Medium und die Botschaft der Geister

Doris Stokes ist eine vollkommen normale und realistisch denkende Frau, aber sie hat eine besondere Gabe: Sie kann Tote sprechen hören.

Doris Stokes Auftritt im australischen Fernsehen war sensationell. Das Telephon klingelte pausenlos im Studio, die Post stapelte sich, und der Kanal 9 nahm eine beliebte Unterhaltungssendung aus dem Programm, um einen zweiten Bericht über sie zu bringen.

Niemand zuvor hatte je einen solchen Eindruck bei den australischen Fernsehzuschauern hinterlassen, und doch ist Doris Stokes kein Superstar. Mit ihrem Mann John lebt sie in einer bescheidenen Wohnung in London und betrachtet sich als einen ganz normalen Menschen. Sie besitzt jedoch eine ungewöhnliche Gabe, die sie zu etwas Besonderem macht: Sie ist ein Medium und behauptet, mit den Toten sprechen zu können.

Nachdem der Showmaster Don Lane sie in seiner beliebten Unterhaltungssendung inter-

Doris Stokes tritt im australischen Fernsehen in der „Don Lane Show" auf (rechts). Nach der Sendung erhielt sie Tausende von Anrufen und Hunderte von Briefen. Sie unternahm eine aufsehenerregende Tournee durch Australien. Von der Reaktion der Öffentlichkeit überrascht, sagte sie zu der Menge: „Ich bin nichts Besonderes. Machen Sie sich keine falschen Vorstellungen von mir. Ich bin ein Mensch wie Sie."

viewt hatte, forderte er sie auf, seinen Studiogästen Botschaften zu übermitteln. Dies machte sie bereits regelmäßig in spiritistischen Versammlungen in England, ohne viel Aufsehen zu erregen – aber für die meisten australischen Fernsehzuschauer bot eine Frau, die zu den Geistern sprach, ein ganz erstaunliches Schauspiel.

Aber, was ist das eigentlich Faszinierende an Doris Stokes? Es ist ihre direkte und überzeugende Art, in der sie als „Bote" auftritt und Namen und Informationen überbringt, die sie von den Toten bekommt. Oft vernimmt sie diese als Stimmen mit individuellem Tonfall und eigenem Akzent, weshalb man sie auch als „Hellhörerin" im Gegensatz zur Hellseherin bezeichnete.

Im Fernsehstudio machte ihre spontane und humorvolle Art den vertrauenerweckenden Eindruck, daß ihr Auftritt nichts mit Spuk zu tun haben könnte. Sie stand nur einfach vor den Zuschauern und wartete darauf, daß die Stimmen ihr etwas mitteilten.

„Die Dame da drüben", sagte sie und zeigte dabei auf eine von den Studiogästen. „Ich habe hier einen Mann namens Bert."

„Das ist mein Schwager", die Frau schnappte förmlich nach Luft.

„Er sagt, er ging ganz schnell ins Jenseits hinüber."

„Das stimmt".

„Wer ist Wynn?"

„Ich".

Ihre Botschaften sind meistens so trivial, aber die Genauigkeit der Namen und Details lassen ihre Empfänger nicht im Zweifel, daß sie Zeugen eines paranormalen Vorganges sind. Mit Darauf-Los-Raten allein kann der Inhalt ihrer Botschaften nicht erklärt werden. Aber steht sie wirklich in Verbindung mit den Toten,

oder verfügte sie einfach über außersinnliche Wahrnehmungen? Das ist eine Frage, die jeder für sich selber entscheiden muß, wie es auch Doris Stokes hatte tun müssen.

Ihre seltsamen Anlagen wurden schon in jungen Jahren erkennbar, als sie bemerkte, wie sie Dinge beschrieb oder vorhersagte, die sie eigentlich nicht hätte wissen können. Dies beunruhigte ihre Mutter, aber ihr Vater – gleichfalls übersinnlich veranlagt wie die Tochter – verstand sie und tat nichts, um sie davon abzubringen. Erst als Doris geheiratet hatte und ihr Vater gestorben war, wuchsen ihre übersinnlichen Kräfte. Ihre Erfahrungen ließen keine Zweifel daran, daß sie in Verbindung mit verstorbenen Menschen stand.

Der Besuch eines Toten

Ihr dramatischstes persönliches Erlebnis hatte sie im Zweiten Weltkrieg. Ihr Mann wurde als vermißt gemeldet, und ein Medium in einer örtlichen spiritistischen Versammlung in Grantham Lincolnshire, Ostengland, „versicherte", daß er gefallen sei. Doris Stokes erlitt einen Schock, als sie zu ihrem kleinen Sohn nach Hause zurückkehrte. In ihrer Autobiographie *Voices in my ear (Die Stimmen in meinem Ohr)* beschreibt sie, was dann geschah:

„Plötzlich flog die Schlafzimmertür heftig auf, ich dachte, meine Mutter stürzte herein. Da stand mein Vater. Mir blieb der Mund offen stehen. Er sah so wirklich aus und schien so greifbar nahe wie zu Lebzeiten …

‚Vater', flüsterte ich.

‚Ich habe dich doch nie angelogen, mein Schatz?' fragte er

‚Ich denke nicht', erwiderte ich

‚Ich lüge dich auch jetzt nicht an. John ist nicht bei uns, und an Weihnachten wirst du den Beweis haben'. Dann verschwand er vor meinen Augen."

Drei Tage später erhielt sie einen Brief vom Kriegsministerium mit der Nachricht vom Tod ihres Mannes. Aber während alle anderen trauerten, weigerte sich die „Witwe", daran zu glauben. Ihr verstorbener Vater behielt Recht. Genau wie er vorher gesagt hatte, erfuhr sie zu Weihnachten, daß John noch am Leben war, wenn auch verwundet und als Kriegsgefangener.

Doris wurde nie als Medium ausgebildet, was auch nicht nötig war. Es zeigte sich bald, daß ihre besonderen Gaben den Trauernden und Verzweifelten Trost und unmittelbare Hilfe spenden konnten. Sie begann öffentlich und privat Séancen zu geben – obwohl dieses altmodische Wort, das eher an Spuk erinnert, nicht zu ihr paßt. Niemals verspricht sie, zu einer bestimmten Person auf der „anderen Seite" durchzukommen, aber sie beruhigt das Publikum mit der Zuversicht, daß die Geister schließlich durch sie zu ihnen sprechen werden. Und sie haben sie nur sehr selten im Stich gelassen.

Sie hat festgestellt, daß die Stimme des oder

Tom Sutton, der Vater von Doris. Er starb als Doris noch ein junges Mädchen war, er erschien ihr aber zweimal, nachdem er schon mehrere Jahre tot war. Beim ersten Mal sagte er ihr, daß ihr Mann John (ganz unten) – der als vermißt gemeldet war am Leben sei und zurückkehren

würde. Das zweite Mal bereitete er sie darauf vor, daß ihr gesunder kleiner Sohn bald sterben würde. Beide „Vorhersagen" trafen ein.

der Toten um so kräftiger zu sein scheint, je länger er oder sie verstorben ist – die Stimme derer, die erst vor kurzem in die andere Welt gegangen sind, ist meist schwach. Manchmal verschwinden die Stimmen überhaupt. Inzwischen hat sie gelernt, mit diesen stummen Phasen fertig zu werden, aber am Anfang war sie in Versuchung geraten zu schummeln. Doris ist sicher eines der wenigen praktizierenden Medien, die das offen zugeben.

Sie war jung und fühlte sich aufgrund ihrer seltsamen Fähigkeiten als etwas ganz „Besonderes" und war daher in Versuchung, den Phänomenen ein bißchen nachzuhelfen. Sie war fest entschlossen, wenn die Stimmen sie vor vollem Haus alleine und hilflos auf der Bühne zurücklassen würden, den Rat eines erfahrenen „reisenden" Mediums zu befolgen. Sein Vorschlag war, früh zu den Versammlungen zu gehen und bei den Unterhaltungen der Zuschauer mitzuhören. Sie würde unweigerlich ein paar Hinweise, Namen und Daten aufschnappen. Die Leute würden immer über ihre Erwartungen sprechen – in diesem Fall von den Geistern, die sie hoffen, durch Doris zu „hören". Sie solle sich heimlich ein paar Notizen machen und, wenn ihre Stimmen plötzlich abbrächen, könne sie doch „Botschaften" bringen. So werde ihr Publikum schließlich glücklich nach Hause gehen.

Doris gibt zu, daß sie zweimal auf diese Art versuchte zu betrügen. Das erste Mal schob sie ihre Notizen heimlich in ihr Gesangbuch, allerdings in der Hoffnung, sie nicht zu brauchen. Aber – mitten in einer Botschaft für eine Dame aus dem Publikum verstummten die Stimmen allmählich. Erschrocken fingerte Doris nach ihren Notizen, aber sie waren verschwunden. Irgendwie beendete sie die „Kommunikation", indem sie sich an einzelne Gesprächsfetzen erinnerte, die sie mitgelauscht hatte, und erfand den Rest, bemerkte aber, daß die Dame ein bißchen befremdet schien – es war alles so ein Durcheinander, aber das Schlimmste sollte noch kommen.

Ebenso unvermittelt wie sie gegangen waren, kamen die Stimmen zurück. Doris überbrachte zwei echte Botschaften und merkte dann, daß ihr Kontrollgeist – Ramononow – die Führung übernommen hatte und sagte: „Und jetzt gehen wir zurück zu ihr!. Du wirst dich bei ihr entschuldigen und ihr sagen, daß der letzte Teil der Botschaft nicht aus dem Jenseits kam."

Aus Furcht vor einer öffentlichen Blamage zögerte Doris, überwand sich dann aber und sprach die betreffende Person an –: „Es tut mir schrecklich leid. Ich muß Ihnen sagen, daß der letzte Teil der Botschaft nicht vom Geist kam, sondern von mir."

Ein Rat aus dem Jenseits

Meist suchen Leute, die von Leid getroffen sind und trauern, von einem Medium Hilfe. Was Doris Stokes vom spiritistischen Durchschnittsmedium unterscheidet, ist ihre ausgesprochen nüchterne Art. Ihrer Meinung nach ist die Geisterwelt so wirklich wie unsere – und ihre feste Überzeugung vom Leben nach dem Tode teilt sich dem Publikum von selbst mit. Ihre spezifischen und sehr persönlichen Botschaften, von denen man annimmt, daß sie von den Toten kommen, geben oft einen dringenden Rat. Einem stark depressiven Witwer wurde zum Beispiel von seiner verstorbenen Frau gesagt, er solle nicht die beabsichtigte Überdosis Tabletten schlucken. Da niemand außer ihm von seinen Plänen wußte, war er davon ebenso beeindruckt, wie von der aufgebrachten Reaktion seiner Frau, die Doris ihm mitteilte: „Ihre Frau hat große Angst um Sie. Sie sagt, das geht nicht. Sie dürfen das nicht tun. Sie wartet auf Sie, und wenn sie vorausgegangen ist, wird sie sicherlich da sein, um sich mit Ihnen zu treffen, wenn Ihre Zeit kommt, aber so lange müssen Sie warten, oder Sie werden es bereuen."

Viele Medien hätten mit einem solchen Rat auftreten können, denn die meisten tief religiös empfindenden Menschen sind gegen Selbstmord eingestellt – aber Doris bestätigte die Echtheit ihrer Botschaft, indem sie die weitere Existenz der Frau „bewies" und teilte viele persönliche Dinge mit, die nur der Witwer und seine Frau hatten wissen können.

Es gibt jedoch Situationen, wo Doris selbst die Hilfe von Medien braucht. So ein Fall trat ein, als sie 33 Jahre alt war. Ihr erstes Kind war gestorben, und sie hoffte, wieder schwanger zu werden. Eines Tages sprach sie mit einem Freund, Walter Brookes, einem bekannten Medium aus Yorkshire, als er sie plötzlich fragte, ob sie gerade aus dem Krankenhaus gekommen sei. „Nein", sagte Doris, die sich gesund und munter fühlte.

Ganz oben:
Das Medium Walter Brookes überbrachte Doris eine Botschaft mit der Warnung vor einer kommenden Krankheit.

Oben:
Doris bei einem „Auftritt" vor den Studiogästen im englischen Fernsehen in einer Livesendung im Dezember 1979.

„Warte einen Moment", sagte er, „das ist ernst. Ich fürchte du wirst ins Krankenhaus gehen müssen. Im Juli, denke ich. Es hat irgend etwas mit deiner rechten Seite zu tun. Sie sagen, daß du sterben wirst. Aber dein Vater möchte, daß du folgendes aufschreibst. Es ist der Name der Person, nach der du fragen mußt: Frau Marrow."

Im Juli diesen Jahres wurde Doris plötzlich von quälenden Magenschmerzen heimgesucht. Sie wurde schnell ins Krankenhaus gebracht, wo man eine Eileiterschwangerschaft feststellte. Man teilte John Stokes mit, daß man ihr nicht mehr helfen könne. Sie lag im Sterben.

John erinnerte sich an die Botschaft des verstorbenen Schwiegervaters und fragte die Ärzte, ob sie eine Frau Marrow kennen würden. Als er von ihnen erfuhr, daß sie Gynäkologin in einem Krankenhaus in Nottingham ist, bestand er darauf, daß seine Frau dorthin verlegt werden müsse. Dort, unter Dr. Marrows fachkundiger Pflege, erholte sich Doris wieder und bald konnte sie ihre Arbeit als Medium wieder aufnehmen und Botschaften überbringen, die vielleicht auch anderen das Leben gerettet haben.

Nach dem Erfolg ihres ersten Besuches in Australien unternahm sie im Jahr 1980 eine zweite, ebenso erfolgreiche Australientour mit Fernseh- und Radioauftritten.

Kritiker des Spiritismus sind natürlich nicht darüber erfreut, daß Medien wie Doris Stokes ihre Fähigkeiten vor einem so großen Publikum zeigen dürfen, aber Doris wird glücklicherweise nach dem Erfolg ihrer Arbeit beurteilt – und der spricht für sich.

Eine ganz besondere Sprache

In Séancen mit Leslie Flint konnte man oft Stimmen berühmter Persönlichkeiten aus Show, Film und Kunst hören. Das Medium arbeitete bei vollem Bewußtsein und war bereit, sich kritischen Überprüfungen zu unterziehen.

Rudolph Valentino, Lionel Barrymore und Leslie Howard gaben, lange nachdem sie gestorben waren, vor einem begeisterten Publikum noch „Vorstellungen". Natürlich erfolgte dies nicht auf der Bühne oder im Film, sondern in dem verdunkelten Séanceraum des Londoner Mediums für Direkte Stimme namens Leslie Flint. Die aufgezählten Stars sind nur einige wenige der verstorbenen Berühmtheiten, die durch Flint gesprochen haben. Eine vollständige Liste der „wiedererweckten" Stimmen liest sich wie ein Who's Who des internationalen Showgeschäfts und der bildenden Künste.

Zu Beginn muß darauf hingewiesen werden, daß es normalerweise Verdacht erweckt, wenn

jemand behauptet, mit den Geistern berühmter Persönlichkeiten in Kontakt zu stehen. Ihr Lebenslauf, ihre Veranlagungen und Liebschaften sind hinlänglich bekannt, und einem begabten Imitator dürfte es kaum Schwierigkeit bereiten, sich als Medium auszugeben und in einer Stimme zu „kommunizieren", die der einer bekannten verstorbenen Persönlichkeit ähnlich ist.

Es waren jedoch nicht nur die Geister Prominenter, die Flint anscheinend einen Besuch abstatteten. Auf der Höhe seines Ruhms nahmen viele Menschen an seinen Séancen teil, von denen einige später bezeugten, mit ihren verstorbenen Verwandten und Freunden gesprochen zu haben. In diesen Fällen konnte Flint aber nichts über die Toten wissen, und es ist schwerlich möglich, anzunehmen, daß er ihre Stimmen und Sprachgewohnheiten gekannt haben konnte.

Leslie Flint (oben) trat 42 Jahre lang als professionelles Medium auf. In dieser Zeit verfolgten Wissenschaftler und Parapsychologen seine Séancen kritisch und nahmen die „Geisterstimmen", die man hören konnte, auf Tonband auf. Die Stimmen gehörten sowohl verstorbenen berühmten Persönlichkeiten als auch verstorbenen Bekannten und Verwandten der Séanceteilnehmer. Rudolph Valentino (rechts im Film „Der Scheich") stellte sich als der Kommunikator heraus, der sich ihm am häufigsten zeigte.

Dieser Bericht konzentriert sich jedoch auf die Persönlichkeiten, die anscheinend aus dem Jenseits zu uns zurückgekehrt sind, um in Leslie Flints Séancen lange Gespräche zu führen. Seine Verbindung mit den Geistern der Stars aus dem Showgeschäft führte ihn bis in die USA und nach Hollywood, in die Heimat legendärer Weltstars. Hier erlebte er die Zurschaustellung eines Reichtums, der im krassen Gegensatz zu der Armut stand, die seine Kindheit überschattet hatte.

Leslies Eltern trennten sich, als er noch klein war, und er wuchs in einem Kinderheim der Heilsarmee auf. Schon früh war er überzeugt, die Toten zu „sehen", was ihn von Gleichaltrigen zunehmend isolierte. Als er die Schule ver-

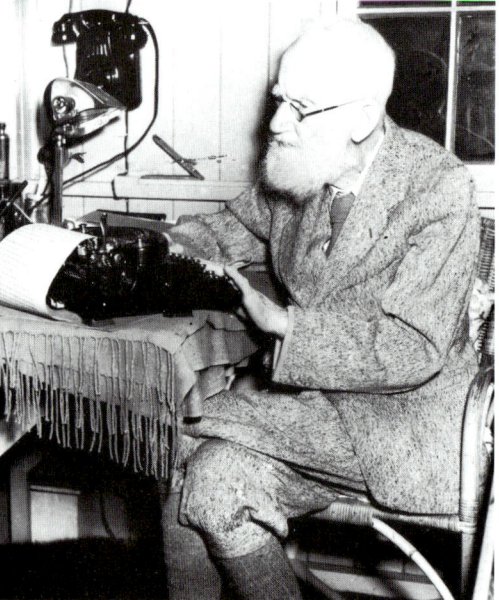

Einige berühmte Besucher aus dem Jenseits in Leslie Flints Séancen: Die Pilotin Amy Johnson (ganz unten) berichtete, daß sie im Leben nach dem Tode keine Flugzeuge mehr fliegen könne; George Bernard Shaw (rechts) behauptete, immer noch zu schreiben, Leslie Howard (oben links) und Lionel Barrymore (unten), zwei Bühnen- und Filmgrößen, sollen angeblich auch Flint gesprochen haben.

den Brief einer Deutschen, die behauptete, daß Valentino in einer Séance in München gesprochen hatte. Er hatte Flints Namen und Adresse genannt und das Medium gebeten, Flint zu sagen, daß er versuchen würde, mit ihm Verbindung aufzunehmen. Als Flint seine Fähigkeiten ausgebildet hatte, war Valentino einer der ersten, die durch ihn sprachen, manchmal sogar in seiner Muttersprache italienisch.

Valentino sagte ihm eines Tages etwas Verblüffendes, und zwar, daß er, Flint, eines Tages Hollywood besuchen, sich in Valentinos Haus in Beverly Hills aufhalten und in seinem Schlafzimmer Séancen abhalten würde. So unwahrscheinlich, wie es schien, trug es sich doch so zu. Einige Jahre später wurde Flint während eines Hollywoodbesuches von einem Parapsychologen eingeladen. Als er die Adresse bekam, wußte er sofort, daß es das frühere

lassen hatte, übte er eine Reihe unterschiedlicher Tätigkeiten aus, unter anderem arbeitete er als Totengräber. Bald fand er Anschluß an eine spiritistische Gruppe, in der er dann seine Fähigkeiten als Medium der Direkten Stimme entwickelte.

Er hielt zwei Sitzungen pro Woche ab und brauchte sieben Jahre, um seine medialen Veranlagungen zu vervollkommnen. Anfangs fiel er noch in Trance, und man benutzte Trompeten zur Verstärkung der in ihm ankommenden Geisterstimmen. Mit wachsenden Fähigkeiten konnte er dann auch während der Sitzungen bei Bewußtsein bleiben und schließlich auf die Trompeten verzichten. Die Séancen liefen so ab, daß die Teilnehmer im Raum Platz nahmen, die Lichter ausgeschaltet wurden, und die Stimmen dann von irgendwo aus der Luft zu sprechen schienen. Ab und zu nahm Flint selbst an der Unterhaltung teil.

Rudolpho Valentino trat schon früh in Flints Leben ein. Ein anderes Medium erzählte ihm, daß ein Mann mit den Initialen R. V. „Ihnen auf übersinnliche Art helfen und durch Sie arbeiten wolle, um der Menschheit zu helfen". Der Geist erschien dem Medium dann als Araber verkleidet. Der einzige Mensch, der nach Flints Vorstellung auf das Bild passen konnte, war Valentino. Flint hatte als Teenager ein Buch über ihn gelesen – aber er konnte sich nicht denken, warum der große Leinwandheld gerade ihm helfen sollte.

Bald erhielt Flint jedoch aus einer ganz anderen Quelle Bestätigung dafür, und zwar durch

Haus von Valentino war. Und das Zimmer, in dem die Séancen abgehalten wurden, war tatsächlich das frühere Schlafzimmer des Hollywoodstars.

Auch andere Schauspieler, wie zum Beispiel Leslie Howard und Lionel Barrymore, sind während Leslies Séancen erschienen. So auch die Schriftsteller Rupert Brooke und George Bernard Shaw die verkündeten, daß sie noch immer schrieben. Die Pilotin Amy Johnson erklärte, daß sie nicht mehr fliegen würde, da es im Jenseits keine Flugzeuge gäbe. Aber sie hätten Klaviere, und Frédéric Chopin würde immer noch spielen und komponieren. Auch Shakespeare schreibe 400 Jahre nach der Vollendung seiner ersten Dramen immer noch Theaterstücke.

Mahatma Gandhi und der frühere Erzbischof von Canterbury, Cosmo Gordon, haben mit Flint ausführlich über spiritistische Fragen aus ihrer neuen Perspektive diskutiert. Marilyn Monroe sei zurückgekommen, um mitzuteilen, daß sie nicht Selbstmord begangen habe, sondern versehentlich an einer Überdosis Tabletten gestorben sei. Königin Victoria schickte ihrer letzten noch lebenden Tochter Princess Louise Botschaften, und König Georg V. sprach mit zwei Mitgliedern der königlichen Familie.

Wie sicher ist der Beweis, daß die Stimmen echt sind und die Sprecher wirklich die, die sie vorgeben zu sein?

Flint beschrieb sich selber als das „am häufigsten untersuchte" Medium in Großbritannien und ist anscheinend immer bereit gewesen, sich Überprüfungen zu unterziehen. Einer der ersten, der ihm als Wissenschaftler kritisch gegenüberstand, war Dr. Louis Young, der bereits mehrere zweifelhafte Medien in den USA entlarvt hatte. Er ließ Flint vor der Sitzung den Mund voll mit gefärbtem Wasser nehmen. Die Lichter wurden ausgeschaltet, und die Geister plauderten drauflos wie immer. Nach

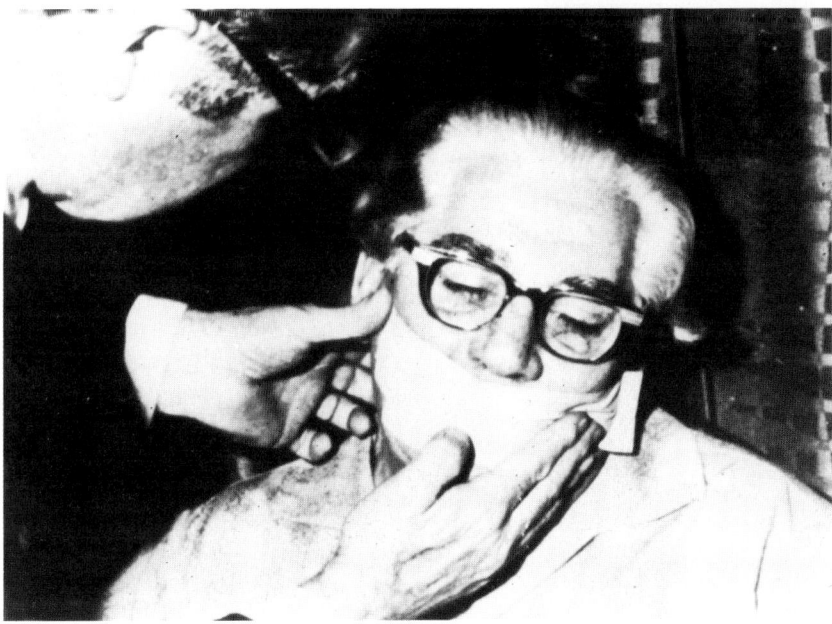

der Sitzung spuckte Flint das Wasser wieder aus dem Mund in ein Glas.

Im Jahr 1948 hat der Geistliche Drayton Thomas, Mitglied der Society of Psychical Research, einen sehr viel härteren Test mit ihm durchgeführt. Er klebte ein Heftpflaster über Flints Mund und wickelte noch einen Schal um Mund und Kinn. Die Hände des Mediums wurden an den Sessellehnen festgebunden und ferner wurde verhindert, daß er den Kopf nach unten neigen und das Pflaster mit den Händen lösen könne.

Doch sprachen die Geisterstimmen weiter in der üblichen Klarheit und Lautstärke. Und am Ende der Sitzung saß das Medium noch immer festgebunden und geknebelt wie am Anfang. Es bereitete dem Geistlichen sogar Schwierigkeiten, das Heftpflaster wieder zu entfernen, ohne Flint Schmerzen zuzufügen.

Im Jahre 1972 ersannen drei Männer noch feinere Untersuchungsmethoden, um die Geisterstimmen auf ihre Echtheit zu überprüfen: Dies waren Robert Chapman, wissenschaftlicher Korrespondent des Sunday Ex-

Ganz oben:
Der Reverend C. Drayton Thomas, ein Mitglied der S.P.R., untersuchte Flint im Jahre 1948. Er stellte zu seiner Zufriedenheit fest, daß Flint während des Testes gefesselt und geknebelt blieb, und man trotzdem die ganze Zeit deutlich „Geisterstimmen" hörte.

Leslie Flints Mund wurde bei einem Test der Zeitung Sunday Express mit Heftpflaster verklebt (oben). Um zu verhindern, daß er die Knebelung lockern konnte, wurden seine Hände und sein Kopf festgebunden (rechts). Die Untersucher hörten die Stimmen und sahen auch den „ektoplasmatischen Kehlkopf", der angeblich die Geisterstimmen erzeugen soll. Er materialisierte sich dicht vor dem Kopf des Mediums aus der Luft.

press, unterstützt von Professor R. Bennet, früherem Leiter der Abteilung für Elektrotechnik an der Universität Columbia (New York), und Nigel Buckmaster, ein Mitglied der Society of Psychical Research. Wieder wurde Flint geknebelt und fest an seinen Sessel gebunden, man installierte ein Kehlkopfmikrophon, das anzeigen würde, wenn er die Stimmen durch Bauchrednerkunst produzierte. Ferner konnte Flint mit zwei Fernsehkameras und einer Infrarotlampe in der Dunkelheit beobachtet werden.

Doch die Stimmen sprachen, und die Forscher konnten erkennen, wie sich ein Kehlkopf, der augenscheinlich von den Geistern zum Sprechen benutzt werden sollte, ungefähr 60 cm vom Kopf des Mediums entfernt aus Ektoplasma bildete. „Es stand außer Frage, daß diese Stimmen nicht von einem versteckten und von Flint heimlich angestellten Tonbandgerät kommen konnten", resümierte Chapman, „da es ein Frage- und Antwort-Gespräch mit der ‚anderen Seite' gegeben hat."

Geisterstimmen auf dem Tonband

Zwei weitere Forscher, Betty Green und George Woods, nahmen viele berühmte Geisterstimmen auf Tonband auf. Über 15 Jahre erschienen sie regelmäßig auf Treffen mit Flint. Bald hatten sie ein Archiv von 500 Tonbandaufnahmen zusammen. Auf 60 Aufnahmen davon spricht Valentino.

Hier ein Auszug vom Skript der Originalsitzung vom 20. August 1962. Eine volle männliche Stimme begann zu sprechen, und Betty Green munterte ihn auf – was der Sprecher ihr jedoch verübelte:

„Weiter so. Sie machen das ausgezeichnet."

„Genau genommen mache ich im Moment überhaupt nichts. Ich kann mir gar nicht vorstellen, wie Sie dazu kommen zu behaupten,

daß ich es besonders gut mache," erwiderte die Stimme spöttisch.

„Wir dachten, Sie hätten etwas gesagt, und wir hätten Sie nicht gehört", erklärte Betty Green.

„Ich bin nie dafür bekannt gewesen, daß ich nichts gesagt habe."

„Dürften wir bitte Ihren Namen erfahren?"

„Wenn ich nichts von Bedeutung sagen könnte," fuhr die Stimme fort, „würde ich lieber nichts sagen."

„Wer spricht dort bitte?", beharrte Betty Green, aber die Stimme ignorierte die Frage.

„Das ist wirklich eigenartig! Also, Totsein ist schon etwas Besonderes, speziell wenn man mit Leuten auf der Erde spricht, von denen man annimmt, daß sie lebendig sind und sich dann herausstellt, daß sie dumm und schwer von Begriff sind."

voll herrlicher Sünden, aber Sünden nur in dem Sinne, wie die Welt sie begreift. Hier ist es nicht mehr Sünde, menschlich und natürlich zu sein."

Im Dezember 1976 setzte sich Leslie Flint zur Ruhe. Die Tonbandaufnahmen, die Woods und Green und viele andere Teilnehmer gemacht haben, stellen eine bleibende Erinnerung an seine Sitzungen dar. Sie werden zweifellos auch in den kommenden Jahren Anlaß zu Kontroversen bilden. Trotz Begeisterung und Beifall von vielen Seiten war es Kritikern ein Leichtes, einige Schwachstellen in den Unterhaltungen herauszufinden. Wortwahl und Sprachgewohnheiten einiger berühmter Sprecher schienen nicht immer so, wie man sie erwarten müßte.

Flint selbst empfindet einige Momente seiner Darbringungen auch nach all den Jahren

Unten links:
George Woods und Betty Greene nahmen Leslie Flints Séancen über 15 Jahre lang auf Tonband auf und erstellten ein Archiv von „Stimmen aus dem Reich der Toten".

„Ja, ja", murmelte George Woods zustimmend, und dann gab der Besucher einen Hinweis auf seine Identität.

„Mein Werk scheint in letzter Zeit auf recht viel Interesse zu stoßen …"

„Guter Freund, würden Sie uns bitte Ihren Namen sagen?" fragte Betty Green noch einmal.

„Mein Name hat mich ganz schön in Schwierigkeiten gebracht, als ich bei Euch war", erwiderte er der Frage noch ein wenig länger ausweichend. Schließlich rückte er widerwillig heraus: „Naja, Sie können es schon wissen. Ich heiße Oscar Wilde."

„Oh", sagte Woods, offensichtlich erfreut. „Ich habe Ihre Bücher gelesen."

„Wie schön für Sie! Ich nehme an, ich sollte mich besonders geschmeichelt fühlen. Nicht, daß ich irgendwelche Tantiemen kriege. Kein Zweifel, Sie verfügen über eine sehr gute Bibliothek."

„Oscar Wilde" erzählte weiter aus seinem neuen Leben, das, wie er sagte, dem Erdenleben nicht unähnlich war: „Ich lebe ein Leben

Rechts:
Leslie Flints Kontrollgeist „Mickey", auch Zeremonienmeister genannt. Er war ein junger Ire und hatte in Camdon Town, im Norden von London, gelebt, bis er von einem Lastwagen getötet wurde. Diese Zeichnung fertigte ein „übersinnlicher Künstler" bei einer von Flints Sitzungen an.

rätselhaft. Zum Beispiel kann er sich nicht erklären, warum einige Stimmen nur wisperten und andere laut sprachen.

Doch noch ein weiterer Aspekt, der in den Berichten über ihn oft übersehen wird, ist erwähnenswert. Des öfteren konnte es vorkommen, daß die Teilnehmer eine ganze Stunde lang im Séanceraum saßen und sich miteinander unterhielten und absolut nichts geschah. Mag sein, daß Flint eines der begabtesten Medien in Direkter Stimme war, trotzdem vermochte er anscheinend nicht, seine Fähigkeiten willentlich zu steuern.

Geisterphotographie

Immer wieder sind auf Photoabzügen Erscheinungen sicht-
bar geworden, die der Photograph nicht wahrgenommen
hat, als er das Photo machte. Oft sind dies Bilder
von Verstorbenen, die mit den Menschen in enger
Beziehung standen, die gerade photographiert wurden.
Lassen sich alle diese Phänomene nur als raffinierte
Fälschungen erklären?

Überraschungen aus der Dunkelkammer

Immer wieder kommt es vor, daß auf Photographien seltsame geisterhaft anmutende Formen auftauchen, von denen man beim Photographieren selbst nichts gesehen hat. Wie kommen diese Phänomene zustande? Sind sie echt? Wie erscheinen sie und wie sind sie zu erklären.

Die technische Unkompliziertheit, mit der sich Photographien im Labor manipulieren lassen, läßt die meisten Menschen glauben, daß alle Geisterphotographien auf irgendeine Weise gefälscht sind. Auf den ersten Blick aber, liegt der Fall nicht so einfach. Während die meisten Geisterphotos nur amüsieren oder Betrachter bewußt hinters Licht führen wollen, sind einige Aufnahmen unter Umständen entstanden, die sie auf eine Ebene paranormaler Vorgänge heben. Die Diskussion über die Geisterphotographie ist deshalb so schwierig, weil niemand weiß, wie die Bilder auf die Platte oder den Film kommen. Und es weiß auch niemand genau, was diese Geisterbilder eigentlich sind oder für unser Weltverständnis bedeuten könnten.

Dieses Photo nahm Frau Wickstead im Jahr 1928 auf einem Friedhof auf. Weder sie noch die Frau, die sie photographierte (ganz links), hatten das sich umarmende Paar gesehen. Man konnte die „Geister" nicht identifizieren – auch die Society for Psychical Research, die den Fall untersuchte, fand dafür keine Erklärung.

Die außergewöhnlichsten Geisterphotographien sind unter strengen Testbedingungen auf Séancen aufgenommen worden, aber auch unter alltäglichen Umständen entstanden Beispiele paranormaler Erscheinungen. Jemand macht einen Schnappschuß von einem Freund, einem Raum oder einem Haustier und entdeckt hinterher zu seinem Erstaunen das Bild eines Menschen oder eines Gesichtes auf dem Abzug – manchmal erkennbar als das eines verstorbenen Verwandten oder Freundes. Dies ist zwar selten, kommt jedoch vor, und in Archiven und Bibliotheken für parapsychologische Phänomene gibt es eine Reihe von Beispielen mit entsprechenden Berichten. Die frühesten Beispiele von Geisterphotographien waren Aufnahmen von Amateurphotographen, die kein spezielles Interesse an parapsychologischen Effekten hatten und die tatsächlich enttäuscht waren, daß ihre Portraits durch solche Erscheinungen verdorben waren.

Man ist sich allgemein darüber einig, daß die Geisterphotographie ihren Anfang am 5. Oktober 1861 in den USA, und zwar in Boston nahm, als William Mumler, ohne es zu wollen, sein erstes Geisterphoto schoß. Vielleicht ist dieses Datum nicht ganz exakt, denn nach Dr. Gardner, ebenfalls aus Boston, einem frühen Pionier des Spiritismus, gibt es einige solcher Aufnahmen früheren Datums aus der Gegend

Links:
Ein Geisterphoto von William T. Stead, der beim Untergang der „Titanic" ums Leben gekommen war, neben seiner noch lebenden Tochter Estelle. Sie erzählte, daß sie ihn gefragt habe, wie die übersinnliche Photographie eigentlich zustande käme; er soll geantwortet haben, daß die Geister selbst bei der Entstehung der Aufnahmen beteiligt seien.

Unten:
Die geisterhaften Köpfe von zwei ertrunkenen Matrosen des Schiffes „Watertown", aufgenommen von einem Passagier an Bord. Noch mehrere Tage nach dem Unglück waren die Erscheinungen in den Wellen zu erkennen. Der Photograph machte das Bild in der Absicht, dieses übersinnliche Phänomen festzuhalten.

ren. Eine Ausnahme hiervon ist der Fall der Watertown-Aufnahmen, die Bilder von ertrunkenen Seeleuten zeigen. Diese Photos wurden bewußt von einem Passagier an Bord des Schiffes „Watertown" aufgenommen, denn während der Fahrt waren zwei Seeleute über Bord gespült worden und ertrunken. Passagiere und Mannschaft behaupteten ernsthaft noch einige Tage danach, daß die geisterhaften Gesichter der Seeleute in den Wellen und der Gischt zu erkennen gewesen seien.

Noch klassischer ist der Bericht von den seltsamen Extras auf einem Schnappschuß von Frau Wickstead aus dem Jahre 1928. Der Schnappschuß – inzwischen völlig verblaßt, aber von Anfang an von mäßiger Qualität – war einer von zwei, die bei der Kirche der Ortschaft Hollybush, unweit von Hereford, in England aufgenommen wurde. Frau Wickstead fuhr mit Freunden im Auto spazieren und hielt an, um sich die Kirche anzuschauen. Dabei wollte sie ihre Freundin photographieren, die man auf dem Bild aber kaum erkennen kann. Nach der Aufnahme lenkte diese Freundin Frau Wicksteads Aufmerksamkeit auf das Grab eines Soldaten, der im Krieg gefallen war. Neben dem Grab war ein Mädchen bestattet, das kurz nach ihm gestorben war.

um Roxbury. Der Photograph von Roxbury war ein frommer Christ, der die Veröffentlichung seiner Photographien im Zusammenhang mit Spiritismus als „Teufelswerk" ablehnte.

Tatsache ist, daß wir ein gutes Jahrhundert später noch immer nicht wissen, wie Geisterphotographie zustande kommt. Die meisten Parapsychologen, die sich damit beschäftigen, behaupten, sie würde durch direkte Einwirkung der Geister selbst entstehen. Bei so einer Argumentation wäre das Ergebnis weniger eine „Geisterphotographie", als eine „Photographie durch Geister". Nachdem W. T. Stead, ein bekannter Journalist und selbst Geisterphotograph, beim Untergang der *Titanic* umgekommen war, führte er laut Berichten seiner Tochter Estelle als Geist weiter Gespräche mit ihr. Er soll sogar bewirkt haben, daß sein Bild neben ihr auf Photographien erschien. Als Estelle ihn bat, etwas über die unmittelbare Entstehung solcher übersinnlicher Photographien zu sagen, behauptete „Stead", daß die Geister selbst an der Herstellung solcher Bilder beteiligt seien – in erster Linie, um die Menschen von der Existenz eines Lebens nach dem Tode zu überzeugen.

Die Geisterphotographien, die Parapsychologen und Teilnehmer an Séancen gemacht haben, sind faszinierend genug. Noch fesselnder für die parapsychologische Forschung sind jedoch die zufälligen Photographien der Amateure, die, ahnungslos aufgenommen, unerwartete Ergebnisse zu Tage förderten.

Tatsächlich machen Amateurphotographen nur selten Aufnahmen in dem Bewußtsein, parapsychologische Phänomene zu dokumentie-

„Ob die beiden sich wohl geliebt haben?" fragten sich die beiden Besucher.

Frau Wickstead schrieb in einem Brief an Sir Oliver Lodge, den späteren Präsidenten der Society of Psychical Research (S.P.R.), daß ihre Freundin ganz beeindruckt von den beiden Gräbern zu sein schien und darauf Wert legte, sie ihrem Mann zu zeigen. „Wir dachten uns nichts weiter dabei, bis ungefähr sechs Wochen später der Film entwickelt war und, wie man sehen kann, darauf die beiden Figuren auf einem Pfad im Schatten des Eibenbaumes erkennbar waren," schrieb Frau Wickstead. Die beiden Gestalten umarmten sich. Die S.P.R. untersuchte das Photo, jedoch konnte das Geheimnis der beiden Extras nie geklärt werden.

Unsichtbare Geister

Wir kennen einige wenige Fälle von sensitiven Menschen, die tatsächlich Geister sehen und photographieren, Geister, die für andere Menschen unsichtbar bleiben. Ein berühmtes Beispiel dieser Art ist das sogenannte „Weston-Photo".

Der Geistliche Charles Tweedale lebte mit seiner Familie im Pfarrhaus von Weston, einem oft von Gespenstern heimgesuchten Haus in der Kleinstadt Otley in West Yorkshire, einer Grafschaft in Nordengland. Am 20. Dezember 1915 sah seine Frau Margaret beim Mittagessen links von ihrem Sohn die Erscheinung eines bärtigen Mannes. Die anderen am Tisch konnten nichts erkennen. Ihr Mann nahm jedoch sofort seine Kamera und photographierte in die Richtung, in die seine Frau deutete. Als das Negativ entwickelt war, konnte man auf dem Abzug ein Portrait der erwähnten Erscheinung deutlich erkennen.

Rechts:
Der Geist eines toten Mädchens mit ihrem Vater auf einem von dem Hellseher Dr. Hooper aufgenommenen Bild. Hooper behauptet, das Mädchen während der Aufnahme gesehen zu haben, obwohl sie für die anderen Anwesenden unsichtbar war.

Ganz rechts:
Madame Le Roux mit ihrem Onkel als Geist (hinter ihrem Kopf hervorschauend), von ihrem Ehemann aufgenommen. Die Anweisungen für die Aufnahmen wurden von dem Geist selbst durch Madame Le Roux's Automatisches Schreiben in einer ihrer Sitzungen gegeben.

Rechts unten:
Ein nicht identifiziertes Wesen in der Kathedrale von Gloucester aus dem Jahr 1910.

Ein weiteres außergewöhnliches Bild entstand auf einer Sitzung in Belgien. Diese Photographie scheint die Meinung zu unterstützen, daß Geister bei übersinnlichen Photographien direkt eingreifen. In diesem Beispiel gab ein Geist tatsächlich einem Amateurphotographen auf ganz präzise Art Anweisungen, wie und wann er ein Photo machen solle, auf dem der Geist sich zeigen würde. Dieses von Emile Le Roux im Jahre 1909 aufgenommene Bild ist eine der ganz wenigen dreidimensionalen Geisterphotographien.

Die Anweisungen kamen von einem Geist, der behauptete, der Onkel von Le Rouxs Frau zu sein. Der Geist stellte den Kontakt durch sie in einer ihrer Sitzungen des Automatischen Schreibens her, in der auch ihr Mann zugegen war. In dem Geisterschreiben sagte der „Onkel", daß er zu einem späteren Zeitpunkt des Tages photographiert werden könne und gab entsprechende Anweisungen über Zeitpunkt und Belichtungsdauer. Le Roux, ein begeisterter Amateurphotograph, hielt die Belichtungszeit zwar für viel zu lang, aber er befolgte die Instruktionen und machte die Aufnahme zur angegebenen Zeit mit seiner stereoskopischen Kamera. Es erschien nicht nur das Bild des verstorbenen Onkels, sondern es war auch noch

Überraschungen auf dem Negativ

Zusammen mit den ersten echten Geisterphotographien im 19. Jahrhundert scheinen auch die ersten Fälschungen aufgetreten zu sein. Eine der gängigen Methoden bestand in der Doppelbelichtung – die bei den damals verwendeten großen Photoplatten leichter war. Eine raffiniertere Methode bestand in der Verwendung einer Leinwand im Hintergrund, die mit einer speziellen chemischen Substanz bemalt war, was bei direkter Betrachtung nicht gesehen werden konnte, sondern sich erst auf dem Photo zeigte.

Der „Fall Moss" gehört zu den interessantesten Beispielen erwiesenen Schwindels. In den frühen zwanziger Jahren war G. H. Moss als Chauffeur bei einem parapsychologisch interessierten Mann angestellt. Moss, ein Amateurphotograph, zeigte ihm eines Tages einen Abzug mit einem geisterhaften „Extra". Er weckte damit das Interesse seines Arbeitgebers, und der stellte ihn nach einigen eigenen Versuchen dem British College of Psychic Science (Britischem Institut für übersinnliche Wissenschaft) vor. Um 1924 bot man Moss einen Jahresvertrag an: Er sollte bei festem Gehalt an dem Institut unter Testbedingungen arbeiten. Seine Ergebnisse waren beeindruckend und stießen auf Anerkennung – bis er als Betrüger entlarvt wurde.

Moss erzeugte eine Reihe Geisterbilder, die von photographierten Personen als Abbilder ihrer verstorbenen Verwandten und Freunde wiedererkannt wurden. Auf einem Bild (unten) war die photographierte Person ein Trancemedium. Sie erkannte in dem Extra ihre tote Schwester wieder. Ein ausgeschnittenes Photo dieser Schwester wurde neben das Extra gelegt, um die Ähnlichkeit zu verdeutlichen. In einem anderen Fall (rechts) wurde das Bild von jemand wiedererkannt, der die photographische Sitzung beobachtet hatte, auch wenn unklar blieb, ob der wiedererkannte Geist tot oder lebendig war.

Ein drittes Beispiel von Moss's Arbeit (ganz rechts) wurde bei einer Séance mit dem bekannten Medium Frau Osborne Leonard am 5. Januar 1925 aufgenommen. Einem Mann wurde von einer „Stimme aus dem Jenseits" mitgeteilt, daß er acht Tage später Modell sitzen sollte. Die unsichtbare Sprecherin versprach, sich dann zu zeigen. In der Sitzung, die bereits ohne Frau Leonards Wissen anberaumt worden war, wurde wirklich ein Extra erzeugt – und einige Freunde des Photographierten behaupteten, daß das Bild große Ähnlichkeit mit seiner gerade verstorbenen Frau zeige. Zum Vergleich heftete man ein Portrait von ihr daneben.

Moss wurde von dem damaligen ehrenamtlichen Sekretär der inzwischen erloschenen Gesellschaft zur Erforschung übersinnlicher Bilder, F. Barlow, entlarvt. Als er eine

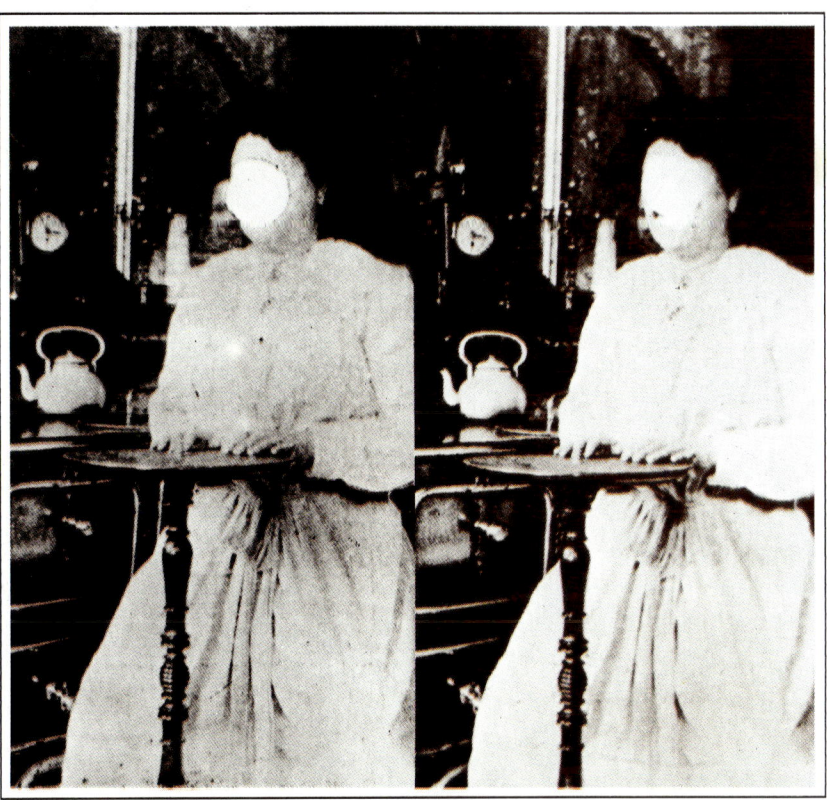

Reihe von dessen Negativen mit Extras untersuchte, fiel ihm auf, daß die Kanten mancher Platten rauh waren. Eine nähere Prüfung zeigte, daß jedes Negativ mit einem Geisterbild an einer Seite angefeilt worden war. Als man die Schutzhülle einzeln untersuchte, stellte sich heraus, daß sie geschickt mit Hilfe von Wasserdampf geöffnet und wieder verschlossen worden waren.

Moss wies den Vorwurf des Schwindels entschieden zurück und unterzeichnete sogar eine Erklärung seiner Unschuld. Mit den angefeilten Platten konfrontiert, legte er dann jedoch ein Geständnis ab. Er habe die Platten heimlich geöffnet, ein Bild auf das Negativ gelegt und sie dann durch Feilen an den Kanten gekennzeichnet.

gut erkennbar. Damals war das Photo sehr berühmt, aber Le Roux mußte sich in regelmäßigen Abständen gegen die üblichen Vorwürfe des Betrugs verteidigen. In seinen eigenen einfachen Worten schildert er die immer wiederkehrende Geschichte des Amateurphotographen, der in einen Vorgang hineingezogen wird, den er nicht erklären kann:

„In Wirklichkeit ist dieses Photo unter den denkbar einfachsten Umständen zustande gekommen, und ich würde sagen, daß es außer dem merkwürdigen Geistergesicht vor und nach der Aufnahme so wenig Ungereimtheiten gab, daß ich trotz der Zweifel, die in mir aufstiegen und die noch nicht wieder ganz verschwunden sind, gezwungen bin, einzuräumen, daß man nach einer anderen Erklärung als Betrug oder Doppelbelichtung suchen muß."

Dieses Bild des toten Onkels, das so viel Kopfschmerzen bereitet, ist durch die dreidimensionale Tiefeneinstellung ein Zeichen dafür, daß zumindest phototechnisch gesehen, das übersinnliche Wesen denselben optischen Gesetzen unterworfen ist wie wir selbst.

Das Thema der Geisterphotographie hat in den siebziger und achtziger Jahren des vorigen Jahrhunderts die Parapsychologen sehr be-

Rechts:
Ein Bild von einer Flasche, die angeblich durch direkte Übertragung eines Gedankens auf eine Photoplatte entstanden sein soll. Man nannte dies Psychophotographie oder Gedankenphotographie. Diese Aufnahme stammt von dem französischen Offizier Darget.

Unten:
Der Geist einer seit einer Woche verstorbenen Frau auf dem Rücksitz eines Autos. Das Photo wurde von ihrer Tochter aufgenommen. Experten behaupteten, das Bild sei nicht manipuliert worden.

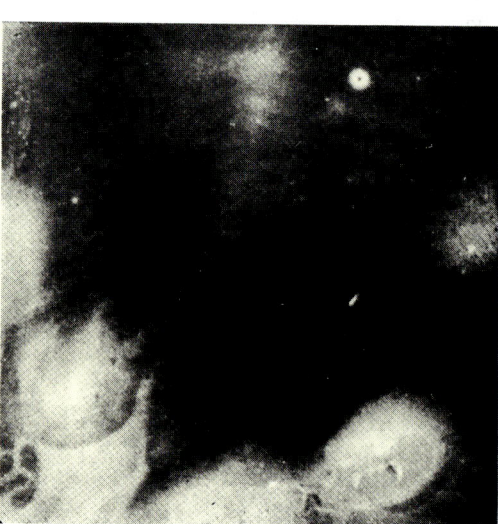

photographie nicht auf das unerklärliche Auftauchen von Geistergebilden auf Abzügen zu beschränken. Eine in jüngerer Zeit aufgetretene neue Form ist die Erscheinung von UFOs. Und da das Hauptproblem in der Frage besteht, ob Bilder auf Filmen auch ohne optische Vorgänge erzeugt werden können, ist auch die Gedankenphotographie ins Blickfeld der Untersuchungen gerückt.

schäftigt, aber es scheint keine zusammenhängende und fundierte Studie darüber gemacht worden zu sein. Es gibt viele Hinweise auf das Phänomen im *British Journal of Photography* und eine Anzahl im *Journal* der Society of Psychical Research. Die Fragestellung wurde jedoch von der Kontroverse über den Spiritismus allgemein überschattet, und so ist keine unverfälschte und vollständige Abhandlung über die übersinnliche Photographie selbst abgefaßt worden.

In jedem Fall ist die Problematik Geister-

Der Begriff „Gedankenphotographie" kam im Jahre 1910 in Japan im Rahmen einer Versuchsserie auf, die Tomokichi Fukurai mit einem Hellseher durchführte, der dabei zufällig, anscheinend durch übersinnliche Kräfte hervorgerufen, einen kalligraphischen Schriftzug auf einer Photoplatte abbildete. Später war das Medium in der Lage, dies auch durch bloße Konzentration zu bewirken. Fukurais Arbeit wurde 20 Jahre später in englischer Sprache veröffentlicht, und man führte in Europa und in den Vereinigten Staaten einige ähnliche Experimente durch. Aber erst im Jahr 1962 wurde das Interesse für Gedankenphotographie von Pauline Oehler von der Illinois Society for Psychic Research durch ihre Arbeit über das amerikanische Medium Tedd Serios wieder wachgerufen.

Serios war unter streng eingehaltenen Vorschriften gründlich untersucht worden, besonders von dem Parapsychologen Dr. Jule Eisenbud, der hauptsächlich in Denver (Colorado) arbeitete. In vielen Experimenten, die Eisenbud systematisch über zwei Jahre hinweg durchführte, konnte Serios willentlich Bilder von Dingen erzeugen, an die er dachte – ein altes Hotel, Autos, eine Zimmerecke und viele andere Gedankenbilder. Er konnte sogar Dingen Gestalt geben, die andere ihm angaben abzubilden. Eines Tages zum Beispiel warf er zufällig einen Blick in ein Reisemagazin in Eisenbuds Wartezimmer. Am nächsten Tag beschloß er, ein Bild von der Westminster Abbey zu machen, die er in der Zeitschrift gesehen hatte – und es gelang ihm.

Die Gedankenphotographie ist inzwischen ein fester Bestandteil moderner Parapsychologie.

Ein unternehmungs-lustiger Geist

Spukhafte „Extras", Geisterbotschaften und Materialisationen von Menschen und Objekten – all das sind die Kennzeichen wirklicher Geisterphotographie. Waren diese Geistererscheinungen oder wenigstens einige von ihnen echt?

Die Geisterphotographie bietet von der technischen Natur her und seit ihrem ersten Auftreten Angriffsflächen genug für die sattsam bekannten Vorwürfe gegen den Spiritismus überhaupt. Kein anerkannter Geisterphotograph war ohne Makel – alle bildeten irgendwann einmal Gegenstand erbitterter Intrigen oder wurden in Prozesse verwickelt. Und doch besaßen viele von ihnen echte mediale Kräfte.

Der Bostoner William Mumler war wohl der erste, der in den Vereinigten Staaten seinen Lebensunterhalt als Geisterphotograph verdiente. Er erlangte einen hohen Grad an Berühmtheit und noch erhaltene Bilder lassen er-

Unten:
Die Witwe Mary Todd Lincoln mit dem Geist des Präsidenten Abraham Lincoln. Das Bild wurde in Boston von William Mumler, dem ersten professionellen Geisterphotographen, im Jahr der Ermordung Lincolns aufgenommen.

kennen, daß er über ganz beachtliche Fähigkeiten als Medium verfügt haben muß. In keiner der zahlreichen Untersuchungen gelang es, irgend einen Betrug nachzuweisen. Dennoch wurde er im Jahre 1869 in ein Gerichtsverfahren hineingezogen: Anlaß war eine journalistische Kampagne gegen ihn, man brauchte wieder einmal einen Skandal. Der Geisterphotograph war als Schwindler angeklagt worden, dem Gericht konnten dafür aber keinerlei stichhaltige Beweise geliefert werden, so daß das Verfahren eingestellt werden mußte.

Sein berühmtestes Geisterphoto hatte Mumler gegen Ende des Jahres 1865 aufgenommen, etwa vier Jahre vor seiner Gerichtsverhandlung. Das Modell, das ihn inkognito besuchte, war kein geringeres als Mary Todd Lincoln, die Witwe des kurz zuvor ermordeten Präsidenten Abraham Lincoln. Auf dem Abzug kann man erkennen, wie Lincoln, hinter ihr stehend, die Hände auf ihre Schultern legt.

Nach Mumlers Tod im Jahre 1884 wurde ein anderer Geisterphotograph an der Westküste der Vereinigten Staaten berühmt. Er hieß Edward Wyllie und stammte aus Kalifornien. Ein Fachmann für Geisterphotographie im 19. Jahrhundert, Dr. H. A. Reid, äußerte über ihn:

„Zur Arbeit von Edward Wyllie, dem Mediumphotographen, ist zu sagen, daß die Beweise und Zeugnisse für die Echtheit der Phänomene so offensichtlich, unvoreingenommen, fair und zwingend sind, daß, sie nicht anzuerkennen, hieße, den Wert jeder menschlichen Zeugenaussage überhaupt zu bestreiten."

Wyllie führte ein abenteuerreiches Leben. Er bereiste Indien und Neuseeland, bevor er sich im Jahre 1886 als Photograph in Pasadena (Kalifornien) niederließ. Schon von Kindheit an hatte er übersinnliche Kräfte besessen, und diese Veranlagung drang mit der Erscheinung ungewollter „Extras" auf seinen Photographien schnell an die Öffentlichkeit. Diese Erscheinungen drohten zuerst, sich negativ auf sein Geschäft auszuwirken, aber als er merkte, daß die „Extras" von den Photographierten mitunter wiedererkannt wurden, änderte er seine Geschäftsstrategie entsprechend. In 60% seiner Photographien sind Geister oder Geistergebilde zu sehen. Eine erhebliche Anzahl davon wurde „wiedererkannt". Ganz besonders kennzeichnend für seine Arbeit ist, daß sich auf einer einzelnen Platte mehrere „Extras" zeigen. So finden sich auf einem Porträt von J. R. Mercer die Geisterfiguren seiner Mutter und seiner Frau, ein Blumenstrauß und eine Geisterbotschaft, unterzeichnet mit „Elizabeth B. Mercer".

In den Jahrzehnten, in denen Wyllie als der führende Geisterphotograph in den USA galt, war William Eglinton das berühmteste und begabteste Medium in England. Obwohl Eglinton von Zeit zu Zeit auch Fälschungen beging, besaß er doch unzweifelhaft übersinnliche Kräfte. Anders als die meisten Spiritisten seiner Zeit konnte er zuweilen bei Tageslicht arbeiten. Er ließ öfter zu, daß photographiert wurde. Ein bemerkenswertes Bild zeigte eine vollständige Materialisation. Sein Biograph John S. Farmer war Zeuge dieser Sitzung und beschrieb sie folgendermaßen:

„... sein Atem wurde immer schwerer und tiefer. Stehend und von allen Seiten gut sichtbar, zog er mit einer schnellen und gleitenden Bewegung seiner Finger eine trübe, weißliche Substanz anscheinend unter seinem Rockschoß hervor. In rechtwinkligen Bewegungen zog er die Masse von sich weg und ließ sie zu seiner Linken niederfallen. Auf dem Boden nahm sie an Größe zu und verdeckte sein linkes Bein vom Knie abwärts. Die Masse weißen Materials auf dem Boden wuchs und begann zu pulsieren, sich auf und ab zu bewegen, hin und her zu wehen. Sie wurde immer höher und wuchs dann schnell zu voller Körpergestalt aus, vollständig von weißem Material umhüllt. Das Medium lehnte sich mit seinem Oberkörper zurück und gab den Blick frei auf das bärtige Gesicht eines in voller Größe materialisierten Geistes, der beträchtlich größer war als er [Eglinton] selbst ..."

Materialisierte Gestalten konnten damals im Séanceraum nur mit Hilfe von Magnesium –

Blitzlicht photographiert werden, was angeblich eine schädliche Wirkung auf das Medium wie auch auf den Geist haben sollte. Trotzdem wurden einige der eindrucksvollsten Geisterphotographien des 19. Jahrhunderts mit Magnesiumblitzlicht gemacht.

Dazu gehört auch eine Reihe Bilder, die während der Sitzungen der Spiritistin Madame d'Espérance aufgenommen wurden und faszinierende Erinnerungen an ihre Kontakte zu führenden Medien, Forschern und Geisterphotographen der viktorianischen Zeit bieten. In den Archiven findet sich ein Bild vom März 1890, das die vollmaterialisierte Gestalt eines schönen 15jährigen Mädchens namens Yolande zeigt, die, wie sich herausstellte, später häufig in Madame d'Espérance's Gegenwart materialisiert wurde und ihr als Kontrollgeist die Verbindung vom Jenseits zum Diesseits ermöglichte. Yolande brauchte im allgemeinen rund 15 Minuten, um sich in eine menschliche Gestalt zu materialisieren. Die Entmaterialisierung dauerte nur zwei bis fünf Minuten. Ihre Form fiel dann plötzlich „zu einem Haufen Stoff zusammen". Der Stoff – Überreste von Yolandes Kleid – „löste sich langsam aber sichtbar in Nichts auf", berichtet ein Zeuge.

Yolandes Bild ist ein Genuß für das Auge,

Unten:
Das englische Medium William Eglinton (rechts) mit einer bemerkenswerten Materialisation, die er vor Zeugen und einem Photographen hatte entstehen lassen.

Unten rechts:
Die Mutter und die Tochter des Portraitierten, eine Geisterbotschaft und ein Blumenstrauß sind typische „Extras" auf Edward Wyllies Geisterphotographien.

Links:
Ein Geist, vielleicht ein spanisches Mädchen mit Namen „Ninia", aufgenommen in den neunziger Jahren des letzten Jahrhunderts bei einer der vielen erfolgreichen photographischen Séancen der Madame d'Espérance.

Unten:
Diese geisterhafte Nonne ist eine Teilmaterialisation, photographiert im Jahr 1918 von dem Medium Castelwitch.

von der geisterhaften Erscheinung (Nonne oder Mönch), die der deutsche Psychologe und Parapsychologe Freiherr von Schrenck-Notzing in der Fachliteratur gibt, trägt den Hauch des Makaberen:

„Das Phantom ist trotz des überaus lebendigen Gesichtsausdruckes flach. Das Gesicht der Nonne ist verschleiert und der Oberkörper mit weißen Stoffen drapiert. Merkwürdig in dieser Figur erscheint der Umstand, daß die ganze rechte Seite (rechtes Ohr, rechte Schulter, rechter Arm) völlig fehlt, wie wenn von einer lebensgroßen bildhaften Portraitdarstellung dieser ganze Teil von oben nach unten heruntergerissen worden wäre".

Das Besondere an den berufsmäßigen Geisterphotographen ist die Fähigkeit, Bilder von Toten einzufangen, welche die lebenden Verwandten oder Freunde wiedererkennen können. Der Franzose Jean Buguet wird als der professionelle Geisterphotograph gerühmt, dessen Bilder am häufigsten wiedererkennbare Personen zeigten. Während auf Mumlers Geisterphotographien fünfzehnmal Personen wiedererkannt wurden, konnte der Engländer Frederick Hudson 26 und Buguet sogar 40 derartige Fälle nachweisen. Selbst wenn Buguet auf wunderbare Weise eine neue Methode der Doppelbelichtung entdeckt hätte, welche die Photoexperten seiner Zeit hätte täuschen können, wäre Betrug in diesem Ausmaß beinahe unmöglich gewesen. Da die meisten Geistergestalten von Buguet Leute darstellten, die vor der Erfindung der Phototechnik gestorben waren, gab es gar keine Originale, die man für Doppelbelichtungen hätte benutzen können.

Buguet wurde, wie Mumler, vor Gericht gebracht. Und wie in Mumlers Fall gingen während der Beweisaufnahme Hunderte von Zeugenaussagen zu seinen Gunsten ein. Auf das Gericht war aber mit ziemlicher Sicherheit Druck ausgeübt worden. Buguet wurde also für schuldig befunden, aber, wie ein Kommentator später sagte, „hat dies die Tatsachen der echten Geisterphotographie nicht ausgelöscht und konnte es auch nicht tun". Ebensowenig konnten Buguets Fähigkeiten als Geisterphotograph widerlegt werden.

Einige Geschichten im Zusammenhang mit der Wiedererkennung auf Geisterphotos sind außergewöhnlich. Ein besonders interessanter Fall handelt von der Entstehung eines Bildes von einem Chinesen und dessen Sohn, eine Photographie, die Wyllie für eine der parapsychologischen Gesellschaften an der Westküste von Amerika gemacht hat. Die Gesellschaft hatte den Wunsch geäußert, daß Wyllie eine Geistergestalt von jemandem auf ein Photo bringen solle, dem der Spiritismus völlig unbekannt war. Daraufhin fragte Wyllie den chinesischen Wäschereiangestellten Charlie, ob er ihm Porträt sitzen wollte, als dieser auf seiner üblichen Runde vorbeikam.

„Er war sehr verängstigt, ich beruhigte ihn und bat ihn, in ein paar Tagen wiederzukommen, damit ich ihm das Bild geben kön-

jedoch bieten nicht alle Materialisationen so einen schönen Anblick, sondern können sowohl während ihrer Entstehung als auch in ihrer letzten Gestalt abstoßend wirken.

Die mysteriöse Substanz, die den Geistern ihre sichtbare Gestalt gibt, bezeichnet man als Ektoplasma. Es wird aus dem Körper des Mediums, meist aus einer natürlichen Körperöffnung, abgesondert; die Ausscheidungen aus dem Mund des Mediums – oder in einem Fall aus den Brustwarzen – wirken oft abstoßend. Selbst wenn die materialisierte Gestalt in der Art eines lebenden Wesens zu gehen vermag, kann es sein, daß sie nur teilweise ausgeformt ist. Ein Beispiel einer ekelerregenden Teilmanifestation hat das Medium Castelwitch im Jahre 1918 während Séancen in Lissabon photographiert. Der Geist hatte die Gestalt einer Nonne angenommen, und er wirkte so scheußlich in seiner Erscheinung, daß einer der Anwesenden regelrecht zusammenbrach und den Geist anflehte, ihm nicht näherzutreten. Folgende Beschreibung eines Zeugen dieser Séancen und der wiederholten Materialisation einer Nonne bzw. eines Mönchs fängt in etwa die damalige Atmosphäre ein:

„Zuerst sahen wir eine Art Nebel, durch den wir das Bild auf der Wand sehen konnten. Der Nebel wuchs etwas in die Länge, wurde dicker, bildete die Gestalt eines Geistes, der wie ein weißgekleideter Mönch aussah. Er ging nach vorne und dreimal wieder zurück, auf das rote Licht zu, dabei klopfte er auf den Tisch. Dreimal verschwand er und kehrte wieder zurück und machte dabei dieselbe Bewegung."

Selbst die fachwissenschaftliche Beschreibung

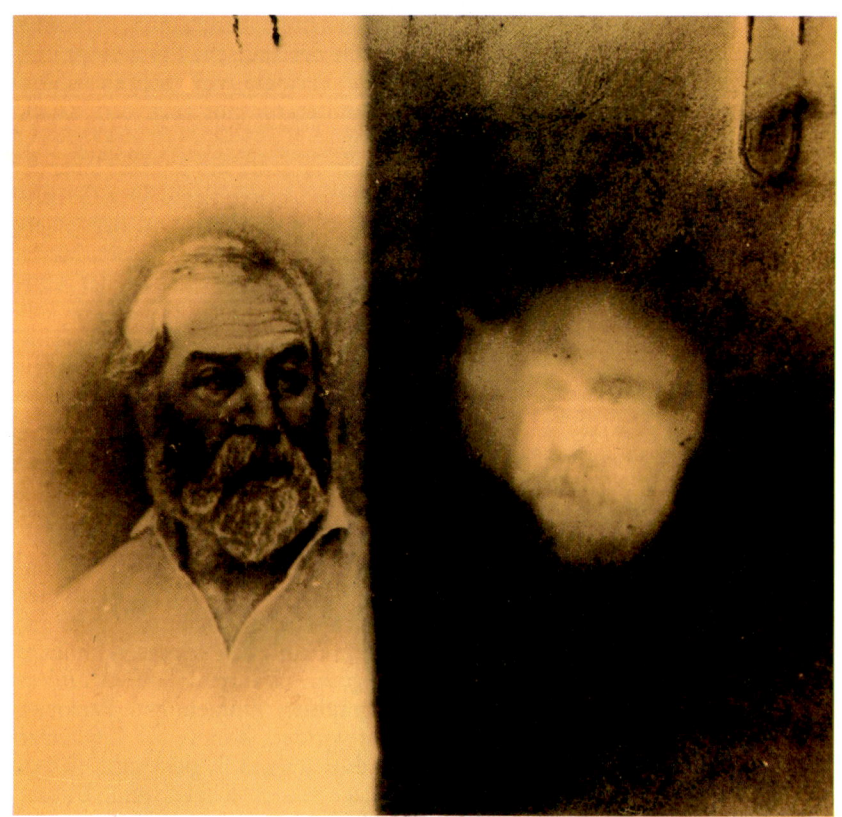

Oben:
Ein Geisterportrait des amerikanischen Dichters Walt Whitman (rechts) im Vergleich mit einem Portrait des Lebenden. Es stammt von dem englischen Medium William Hope.

Oben rechts:
Charlie und sein Sohn als „Extra", von Edward Wyllie im Auftrag von Parapsychologen aufgenommen. Die Forscher wollten wissen, ob ein Geist erscheinen würde, wenn der Photographierte von Spiritismus keine Ahnung hätte – was auf Charlie, der Chinese war, zutraf.

Rechts:
Ein typisches frühes Photo des Franzosen Jean Buguet, der sehr viele Geistererscheinungen erzeugte, die von den Lebenden als Abbilder der Toten wiedererkannt wurden. Buguet wurde angeklagt und des Betrugs überführt, trotzdem verteidigten viele Zeugen vor Gericht seine Fähigkeiten als echter übersinnlicher Photograph.

ne. Als ich das Negativ entwickelte, waren zwei „Extras" darauf – ein chinesischer Junge und ein paar chinesische Schriftzeichen. Als Charlie wiederkam, zeigte ich ihm den Abzug, und er sagte: ‚Das mein Junge; wo du ihn kriegen?' Ich fragte ihn, wo sein Junge sei und er sagte, ‚Das mein Junge. Er in China. Nicht gesehen für drei Jahren'. Charlie wußte nicht, daß sein Sohn tot war. Solche Bilder und Geschichten weisen deutlich auf die Echtheit von Geisterphotographien hin, ob sie von Amateuren oder von Berufsphotographen gemacht worden sind, auch wenn die rätselhaften „Extras" nie vollkommen erklärt werden konnten. Das Phänomen ist nicht nur auf menschliche Geistergestalten beschränkt, sondern es erscheinen auch regelmäßig Tierextras auf Geisterphotographien – allerdings weniger häufig.

Inspirationen aus einer anderen Welt

*Bringen Beethoven und Van Gogh noch immer Kunst-
werke hervor, obwohl sie schon lange aus diesem Leben
geschieden sind? Ein unglaublicher Gedanke, und doch ist
es schwierig zu erklären, wie künstlerisch begabte und
ausgebildete Medien im Stil lang verstorbener Künstler
Sinfonien niederschreiben und Bilder malen.*

Neue Werke von Beethoven, Brahms und Liszt?

*Viele Medien behaupten, daß sie Werke längst verstorbener Künstler –
Komponisten, Schriftsteller, Maler – empfangen können. Aber kommen
diese Werke wirklich von den verstorbenen Genies oder etwa aus dem
Unterbewußtsein sehr empfindsamer Menschen der Gegenwart?*

Beethoven arbeitet noch immer an seiner
10. Sinfonie. Dieser ungeheuerliche Gedanke, daß Musiker und andere Künstler noch
Jahre oder sogar Jahrzehnte nach ihrem Tod
Werke hervorbringen können, wird von vielen Spiritisten und Medien als völlig normal
betrachtet.

Das bekannteste Medium, das behauptet, die
Gehilfin längst verstorbener Komponisten zu
sein, ist die Londoner Hausfrau Rosemary
Brown, der vor allem Werke von Liszt, Beethoven, Brahms, Debussy, Chopin, Schubert
und seit kurzem auch von Strawinsky „gesen-
det" werden. Sie ist eine bescheidene Frau
mittleren Alters, die nur über geringe musikalische Kenntnisse und Fähigkeiten verfügt,
und sie gibt ohne weiteres zu, daß die Werke,
die ihr in die Feder „diktiert" werden, jenseits
ihrer normalen musikalischen Begabung
liegen. Rosemary Brown sieht sich selbst nur
als die ergebene Schreiberin und Vertraute der
toten Komponisten – der letzte Schliff muß
dann von den ausführenden Musikern kommen.

Die Vorstellung, daß es ein Leben nach dem
Tode gibt, ist dieser Frau jedenfalls nicht

Oben links und oben rechts:
*Rosemary Brown in einer
Aufnahme eines amerikanischen
Fernsehteams im Oktober 1980.
Während sie gefilmt wurde,
„schrieb" Rosemary eine Mazurka
in Des-Dur (oben). Sie behauptet,
Chopin (oben rechts) habe sie ihr
eingegeben.*

Links:
*Beethoven nahm im Jahr 1964
Verbindung zu Rosemary Brown
auf. Er erzählte ihr, er sei nicht
mehr taub und genieße es, wieder
Musik hören zu können.*

Orchester. Rosemary Brown sagt, daß ihr die Stücke schon fertig komponiert übersendet werden. Die Musiker diktierten einfach so schnell, wie sie schreiben könne.

Beobachter dieses Vorgangs sind wirklich ganz erstaunt, in welcher Schnelligkeit sie die Noten niederschreibt und dabei ihre bewußten Fähigkeiten und Kenntnisse weit übertrifft. Während des Schreibens unterhält sich Rosemary Brown zwanglos mit ihren unsichtbaren Gästen, so offen und direkt, daß der Beobachter es trotz der erstaunlichen Umstände nicht als peinlich empfindet. Die Feder bereit, hört sie zu: „Verstehe“, sagt sie zu Franz Liszt, „diese beiden Taktstriche kommen dahin, nein, verstehe, Entschuldigung. Sie sind mir zu schnell. Können Sie nochmal wiederholen ...?“ Manchmal unterbricht sie und schilt Liszt freundlich aus, weil er so in Erregung gerät, daß er in das ihm geläufige Deutsch oder Französisch verfällt. Chopin vergißt sich gelegentlich selbst und redet mit ihr in seiner

Unten rechts:
Leonard Bernstein, amerikanischer Komponist und Dirigent. Rosemary Brown bat auf Rat ihrer „Geister“ um ein Interview mit Bernstein. Er war überaus beeindruckt von den Musikstücken, die Rosemary ihm zeigte.

fremd. Als junges Mädchen erschien ihr öfter ein älterer Mann und erzählte ihr immer wieder, daß er und andere berühmte Komponisten bald ihre Freunde sein und sie mit ihrer wundervollen Musik vertraut machen würden. Erst viele Jahre später, als sie bereits Witwe war und besorgt, ihre beiden Kinder mit den wenigen, ihr zur Verfügung stehenden Mitteln durchzubringen, sah sie eines Tages ein Bild von Franz Liszt (1811–1886) und erkannte in ihm ihren Geisterfreund.

Im Jahr 1964 nahmen auch andere berühmte Komponisten die Verbindung zu ihr auf, darunter Beethoven und Chopin, und ihre eigentliche Lebensaufgabe begann: das Niederschreiben der unvollendeten 10. Sinfonie und das Werben für ihre Überzeugung, daß es keinen Tod gibt und die genialen Komponisten noch immer große Werke erschaffen.

Die Stücke, die an sie übermittelt werden, sind keine Entwürfe; es sind vollständige Kompositionen, meist für Klavier, einige auch für

Rechts:
Franz Liszt erschien Rosemary Brown das erste Mal, als sie noch ein junges Mädchen war. Er sagte ihr, daß er und andere Komponisten die Verbindung zu ihr aufnehmen und ihr neue Kompositionen übermitteln würden.

Muttersprache polnisch – was sie dann aufschreibt, so wie sie es hört – und von einem polnischen Freund übersetzen läßt.

Tragen diese posthumen Werke nun unverkennbare Züge von Liszt, Chopin, Beethoven oder Brahms? Der Pianist Hehzibah Menuhin äußert dazu: „Ich betrachte diese Manuskripte mit großem Respekt. Jedes Stück trägt den charakteristischen Stempel des jeweiligen Komponisten. Leonard Bernstein und seine Frau luden Rosemary Brown in ihre Londoner Hotelsuite ein und waren beide ganz angetan von ihrer Aufrichtigkeit und der Musik, die sie ihnen angeblich von den schon lange verstorbenen Musikern überbrachte.“

Der britische Komponist Richard Rodney Bennet vermerkte: „Es gibt viele Leute, die improvisieren können, aber eine solche Musik kann man nicht fälschen ohne jahrelange Übung. Ich selber könnte keines ihrer Beethovenstücke produziert haben.“

Seit diesem denkwürdigen Durchbruch im Jahre 1964 sind auch noch verstorbene Maler, Dichter, Dramatiker, Philosophen und Wissenschaftler an Rosemary Brown herangetreten. Vincent van Gogh (1853–1890) hat seine gegenwärtigen Arbeiten durch sie an uns übermittelt; die ersten mit Kohlestift („Das war nämlich alles, was ich hatte.') die späteren dann in Ölfarben. Debussy wollte lieber durch sie malen als komponieren, denn seine künstlerischen Interessen hatten sich verlagert, seit er von uns gegangen ist.

Der Philosoph Bertrand Russell mußte wohl seine atheistische Einstellung und seinen Zweifel am Leben nach dem Tode noch einmal revidieren, denn er zeigt sich, wie Rosemary Brown betont, in unserer Zeit sehr lebendig und eifrig, die Botschaft vom ewigen Leben zu übermitteln. Auch Albert Einstein versucht immer wieder, die Menschen im Glauben an zukünftige Daseinsebenen zu bestärken.

Kritische Einwände betonen, daß die Musik, die angeblich von berühmten Komponisten stammen soll, nicht gerade deren beste wäre und mehr an ihre frühesten Arbeiten als an ihre ausgereiften Werke erinnert. Aber das sei

Rosemary Browns Kontakte beschränken sich nicht auf den musikalischen Bereich: Van Gogh gab ihr 1975 diese Zeichnung (rechts) ein, und auch Debussy (unten), jetzt mehr der visuellen Kunst zugetan, malte „durch" sie. Albert Einstein (ganz unten) nahm angeblich 1967 Verbindung zu ihr auf sowie der Philosoph Bertrand Russell (unten links) im Jahr 1973.

nicht so wichtig, entgegnet Rosemary Brown. Ihre erste Begegnung mit Franz Liszt sei „mehr als ein musikalischer Durchbruch" gewesen. Man nimmt an, daß es der verstorbene Sir Donald Tovey war, der in einer posthumen Erklärung über Rosemary Brown erläutert hat, aus welcher Motivation heraus diese Kommunikation stattfindet:

„Musiker, die eure Welt verlassen haben, haben sich zu einer Gruppe zusammengeschlossen und durch Musik und Gespräch die Verbindung aufgenommen, um so zu versuchen, der Menschheit eine Weisung zu geben: Der physische Tod ist nur der Übergang von einem Bewußtseinszustand in einen anderen, in dem der einzelne seine Individualität behält ... Wir übermitteln Rosemary Brown unsere Musik nicht nur, um ihren Zuhörern Freude zu bereiten, sondern wir hoffen, daß die eigentliche Bedeutung dieses Phänomens verständiges und feinfühliges Interesse wecken wird und viele Menschen aufzurütteln vermag, die intelligent und unvoreingenommen sind, um sich auf das Unbekannte des menschlichen Geistes und der Seele einzulassen und sie zu erforschen. Ist der Mensch in die mysteriösen Tiefen seines verborgenen Bewußtseins hinabgetaucht, wird ihn das befähigen, sich in ebensogroße Höhen emporzuschwingen."

Rosemary Brown zählt auch außerhalb der spiritistischen Kreise viele berühmte Musiker, Schriftsteller und Journalisten zu ihren Freunden und Bewunderern. Egal, welcher Quelle auch ihre mysteriöse Musik entspringt, so ist doch an der Aufrichtigkeit dieser bescheidenen und religiösen Frau nicht zu zweifeln.

Sie ist jedoch nicht das einzige musikalische Medium. Der britische Konzertpianist John Lill behauptet von sich ebenfalls, für sein

Klavierspiel eine außerweltliche Inspiration zu haben. Der Gewinner des angesehenen Tschaikowsky-Klavierwettbewerbes hatte es am Anfang schwer gehabt und mußte sein Geld mit Klavierspielen in Kneipen im Londoner East End verdienen. Er sagt, er sei zwar weder übergeschnappt noch verrückt und „weil etwas selten ist, heißt es doch nicht, daß es das nicht gibt".

Dieses „Etwas" trat in sein Leben, als er sich im Moskauer Konversatorium auf den Tschaikowsky-Klavierwettbewerb vorbereitete. Er bemerkte, wie ihn jemand beobachtete, eine Gestalt in ungewohntem Gewand: Er glaubt, daß es Beethoven war, mit dem er inzwischen viele Unterhaltungen geführt hat. John Lill versteht sich jedoch nicht als einen Einzelfall. Er behauptet, daß diese Art der Inspiration jedem zugänglich wäre, der innerlich dafür offen ist:

„Es ist schwer, sich Inspirationen vorzustellen, solange sie einem nicht zuteil werden. Ich begreife sie nicht als etwas, was aus einem selbst kommt. Wenn ich auf die Bühne gehe, verschließe ich meinen Geist vor dem, was ich gelernt habe, und öffne ihn ganz in der Erwar-

Ganz oben:
Clifford Enticknap, der ein Oratorium mit dem Titel Beyond the veil *(Hinter dem Schleier) „unter der Eingebung" von G. F. Händel (oben) geschrieben hat.*

Links:
Der Konzertpianist John Lill ist davon überzeugt, daß seine Karriere übersinnliche Kräfte gefördert haben. Er glaubt, daß er Beethoven bei der Vorbereitung auf den Tschaikowski-Klavierwettbewerb in Moskau begegnete und der Komponist sich seitdem mehrere Male mit ihm unterhalten hat. Beethoven hat ihm eines seiner Stücke gewidmet, die Sonate in e-Moll, die 1972 Rosemary Brown „diktiert" wurde.

tung, daß die Inspiration zu mir kommt." Aber manchmal sei es schwierig, diesen inneren Zustand zu erreichen.

Georg Friedrich Händel, der Komponist des Messias, „schreibt" durch sein Medium, den Engländer Clifford Enticknap, noch immer große Oratorien. Enticknap, der schon immer von Händel und seiner Musik begeistert war, behauptet, daß Händel ihn die Musik in einer anderen Inkarnation gelehrt habe und daß ihre Meister-Schüler-Beziehung bis in die Zeit des versunkenen Kontinents Atlantis zurückrei-

che, wo Händel als Joseph Arkos ein berühmter Lehrer war. Und noch früher lebte die Seele, die wir als Händel kennen, auf dem Musikplaneten Jupiter, gemeinsam mit allen Seelen, die wir als große Musiker kennen (und manche, die wir nie kennen werden, weil sie nie auf der Erde inkarniert sein werden).

Von „Meister Händel" wurde Clifford Enticknap ein viereinhalbstündiges Oratorium mit dem Titel *Beyond the veil* (Hinter dem Schleier) übermittelt. Das Londoner Sinfonieorchester und der Chor der Händelstiftung haben daraus einen 73minütigen Ausschnitt aufgeführt und aufgenommen. Eine Bandkopie ist über die Händelstiftung als „Beweis" für Händels Überleben nach dem Tode erhältlich.

Wenn jedoch die Musik nicht aus dem Geist der verstorbenen Musiker stammt, woher kommt sie dann? Sicherlich nicht aus dem Bewußtsein einer Frau Brown, die offensichtlich schon genug damit zu tun hatte, das Diktat richtig aufzunehmen.

Einige Medien glauben, daß unsere tieferen Inspirationen aus der „Akasha-Chronik" oder dem „Buch des Lebens" entnommen sind, in dem das ganze Weltwissen niedergeschrieben ist. In bestimmten Geistesverfassungen und bei besonders hellsichtigen Menschen wird dieses verborgene Wissen zugänglich. Es ist gut möglich, daß Frau Brown einer dieser besonders sensitiven Menschen ist und daß die Musik, die ihrer Meinung nach von Chopin oder Beethoven kommt, stattdessen aus diesem Vorrat des musischen Allwissens geschöpft wird.

Eine andere Theorie lautet, daß Frau Brown zu den sensitiven Menschen zu rechnen ist, die oftmals eine künstlerische Enttäuschung dazu ansporrnt, ihre bewußten Fähigkeiten weit zu übersteigen.

Für diejenigen, die an die Allwissenheit des Unterbewußtseins glauben, werfen die von Frau Brown und anderen gelieferten Kompositionen mehr Fragen auf als sie beantworten. Aber für das Medium ist alles so wundervoll einfach – es gibt keinen Tod, und das Genie ist ewig.

Kunst durch parapsychologische Schöpfung

Stirbt der Genius des Malers mit dem Künstler oder lebt er fort, um sich auch weiterhin durch besonders empfängliche Menschen auszudrücken? Es gibt eine Reihe verblüffender Fälle, in denen verstorbene Meister in unserer Zeit neue Bilder geschaffen haben sollen.

Der im Jahr 1973 verstorbene Pablo Picasso hat drei Monate nach seinem Tod mehrere Kreidezeichnungen und farbige Zeichnungen geschaffen. Korrekter wäre sicherlich zu sagen, daß Zeichnungen im Stil von Picasso durch das britische Medium Matthew Manning übermittelt worden sind, der von sich aus versucht hatte, zu Picasso „durchzukommen". Während er sich auf ihn konzentrierte, spürte er, wie seine Hand geführt wurde, offenbar vom Geist Picassos, oder doch von einer Kraft, die das Werk mit ‚Picasso' signierte.

Die übersinnliche Kunst gibt den Parapsychologen zum Teil die gleichen Fragen auf wie Beethovens Sinfonie aus dem Jahr 1980. Liefert uns, wie so viele glauben, das Gemälde, die

Oben:
Diese Tuschezeichnung zeigt unverkennbar Aubrey Beardsleys Stilmerkmale, gemalt wurde sie jedoch von dem englischen Medium Matthew Manning.

Oben rechts:
Ein posthumer Picasso. Matthew Manning vermerkt die „Kraft und Ungeduld" des sich ihm mitteilenden Künstlers.

Dichtung oder die Musik den Beweis für das Weiterleben des Künstlers, oder stellt sich hier nur die unterdrückte Kreativität des Mediums selber dar, die sich auf diesem Wege Ausdruck verschafft? Oder ist es wirklich so, wie die Medien uns glauben lassen wollen, nämlich, daß die weltberühmten Musiker, Schriftsteller und Maler uns ihre überdauernde Existenz „beweisen", indem sie weiter ihre Kunst über auserwählte Menschen ausüben.

Die umfangreiche Sammlung an Skizzen, Zeichnungen und Gemälden von Matthew Manning, die er bereits als Jugendlicher in den frühen siebziger Jahren durch mediale Kräfte geschaffen hat, überzeugte seinen Verleger davon, daß er ein Mann mit ganz außergewöhnlichen Fähigkeiten sein müsse.

Oben rechts:
Ein Monet von Manning. Die Malweise scheint der des französischen Impressionisten zu gleichen.

Rechts:
Als eine ähnliche Skizze eines Gehängten wie diese Gestalt annahm, fühlte Manning sich körperlich krank und wollte aufhören zu malen, aber sein (anonymer) Kommunikator zwang ihn, sie fertigzustellen. Abgebildet ist die Skizze von Leonardo da Vinci mit dem erhängten Baroncelli.

In seinem ersten Buch *The link* (Die Verbindung) beschreibt Matthew Manning seine Methode, „Kontakt" zu den toten Künstlern aufzunehmen. Er saß einfach ganz ruhig am Tisch mit einem Stift in der Hand und konzentrierte sich auf den Künstler. Er fiel nie in Trance, sondern war sich immer all dessen bewußt, was um ihn herum geschah. Fast augenblicklich begann der Stift sich zu bewegen, fing normalerweise in der Mitte des Blattes an und füllte dieses allmählich so, daß es wie ein wohlproportioniertes Kunstwerk wirkte. Fast immer konnte man im fertigen Bild den persönlichen Stil des „kontaktierten" Künstlers erkennen. Und manchmal war es sogar signiert. War es nicht signiert, dann hatte Manning das Gefühl, daß irgendein unsichtbarer Künstler, vielleicht ein Schüler des großen Meisters, plötzlich die Kommunikation gestört habe.

Die sich ihm stellenden Künstler erwiesen sich als ganz verschiedene Persönlichkeiten. „Kein anderer Künstler ermüdet mich so wie Picasso", sagte Manning. „Schon nach ein paar Minuten, so lange, wie er für eine Zeichnung braucht, fühle ich mich so geschwächt, daß ich für 24 Stunden meine Arbeit unterbrechen muß …" Als Picasso im Jahr 1973 das erste Mal durchkam, wurde Mannings Hand, wie er sagte, „mit ungemeiner Kraft gelenkt", so daß zwei seiner dünneren Federn abbrachen. Als das Malen plötzlich aufhörte, das Bild vollendet war und Matthew es sich unbefangen anschaute, konnte er erkennen, daß es unzweifelhaft Picassos Stil war, kühn und voll dynamischer Ausdruckskraft.

Außerdem gehörte Picasso zu den wenigen sendenden Künstlern, die vor Farben keine Scheu hatten; er führte Mannings Hand zu ganz bestimmten Filzstiften aus einer Schach-

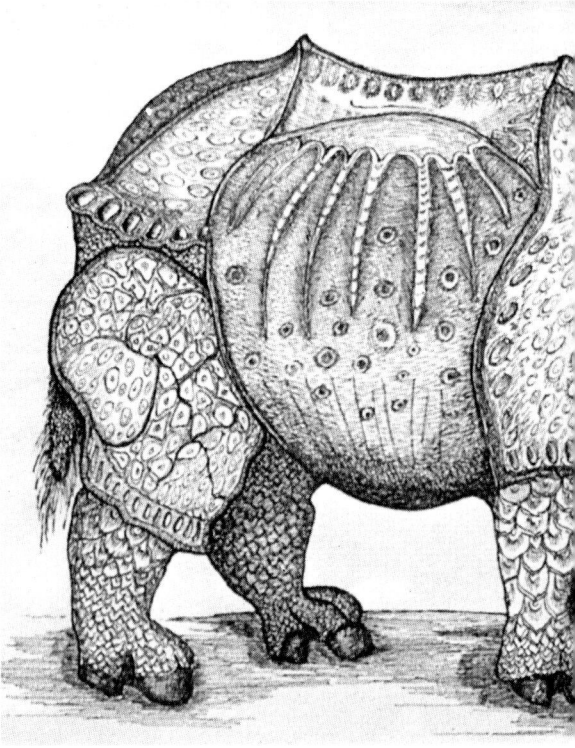

Allerdings hat ein anderes Künstlermedium in nur 75 Minuten 21 „alte Meister" geschaffen: Im März 1978 konnten Millionen Zuschauer der BBC-Fernsehsendung *Nationwide* den Brasilianer Luiz Gasparetto sehen, wie er in Trance 21 Bilder hervorbrachte. Zum Teil arbeitete er mit beiden Händen gleichzeitig an zwei verschiedenen Werken, zum Teil malte er perfekte Bilder, aber auf dem Kopf – und dies alles so schnell, daß viele Zuschauer glaubten, die BBC hätte den Film schneller laufen

tel mit verschiedenen Farben. Die meisten seiner anderen unsichtbaren Künstler benutzten nur Feder und Tusche.

Unter den signierten Arbeiten in seiner Sammlung finden sich Arbeiten im Stil von Paul Klee, Leonardo da Vinci, Albrecht Dürer, Aubrey Beardsley, Pablo Picasso und dem Miniaturmaler Isaac Oliver aus dem Zeitalter Elisabeths I.

Manchmal sah ein fertiges Bild einem berühmten Werk des bestimmten Künstlers ganz ähnlich. Oft erkannte Matthew Manning sie als „Kopien", manchmal mußte man ihn auch erst auf die auffallende Ähnlichkeit zu bekannten Werken hinweisen.

Ein „neues" Kunstwerk entstand mit unglaublicher Schnelligkeit, ihnen gingen keine Skizzen voraus, es wurden keine Fehler gemacht oder einzelne Details wieder übermalt. Es dauerte zwischen ein und zwei Stunden, bis eine Arbeit fertig war – wohingegen die meisten lebenden Künstler sechs bis acht Stunden brauchen, um ein vergleichbares Bild zu schaffen. – Auch hätten gewöhnliche Künstler mehr Zeit für Vorbereitung und Skizzen aufgewandt.

Oben:
Vier Jahrhunderte nach seinem Tode führte angeblich Isaac Oliver, ein berühmter Miniaturmaler des elisabethanischen Zeitalters, diese für ihn typische Arbeit durch Matthew Manning aus und signierte sie.

Albrecht Dürer (1471–1528) ist einer der bedeutendsten Maler und Zeichner der Renaissance. Auch er zählte angeblich zu den Künstlern, die zu Matthew Manning Verbindung aufnahmen. Das Rhinozeros (oben rechts) und die Studie menschlicher Hände (rechts) – durch Matthew Manning „übermittelt" – sind für Dürers exakte Beobachtungsgabe und seine Themenwahl charakteristisch.

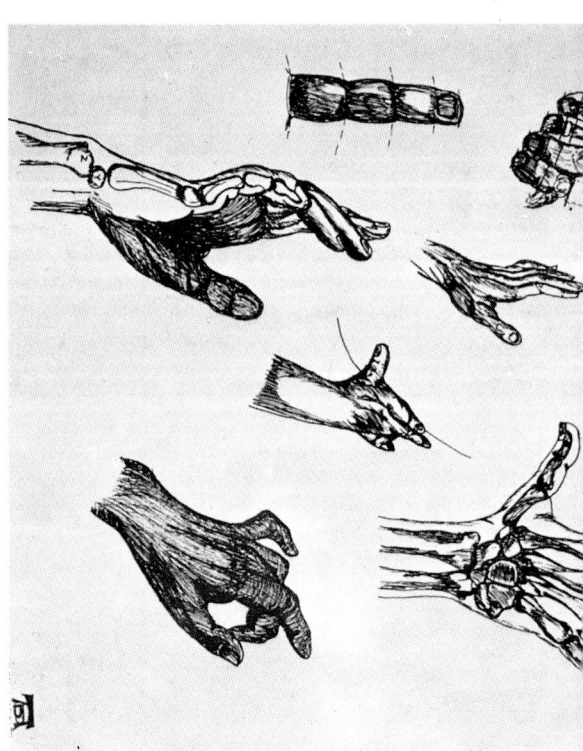

Rechts:
Eine Kreidezeichnung des medial veranlagten brasilianischen Künstlers Luiz Antonio Gasparetto im Stil von Henri de Toulouse-Lautrec (1864–1901). Während Gasparetto für die meisten Gemälde nur wenige Minuten benötigte, brauchte er für dieses Bild mehrere Stunden. Es entstand im Jahr 1978, als das Medium in London lebte.

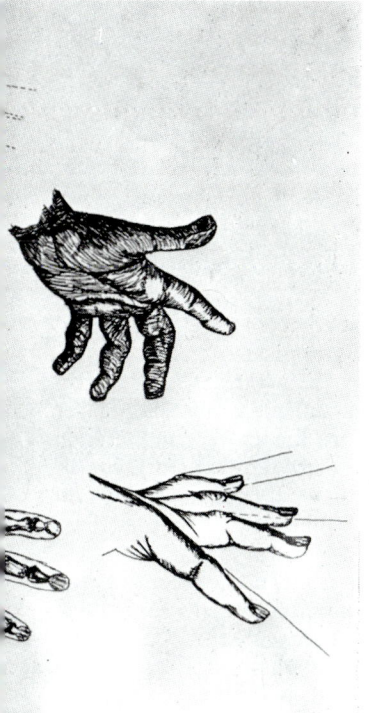

Das spiritistische Medium Coral Polge zeigte einem Séance-teilnehmer diese auf übersinnliche Weise entstandene Skizze eines „kleinen Mädchens" (rechts). „Es" hat wirklich auffallende Ähnlichkeit mit Dag Hammarskjöld als Kind (ganz rechts): Der Teilnehmer arbeitete zu dieser Zeit an einem Buch über ihn.

Zwei Kreidezeichnungen von Luiz Gasparetto in völlig unterschiedlichen Stilrichtungen. Die eine (unten) erinnert sehr an Modigliani, die andere (unten rechts) ist mit „Renoir" signiert.

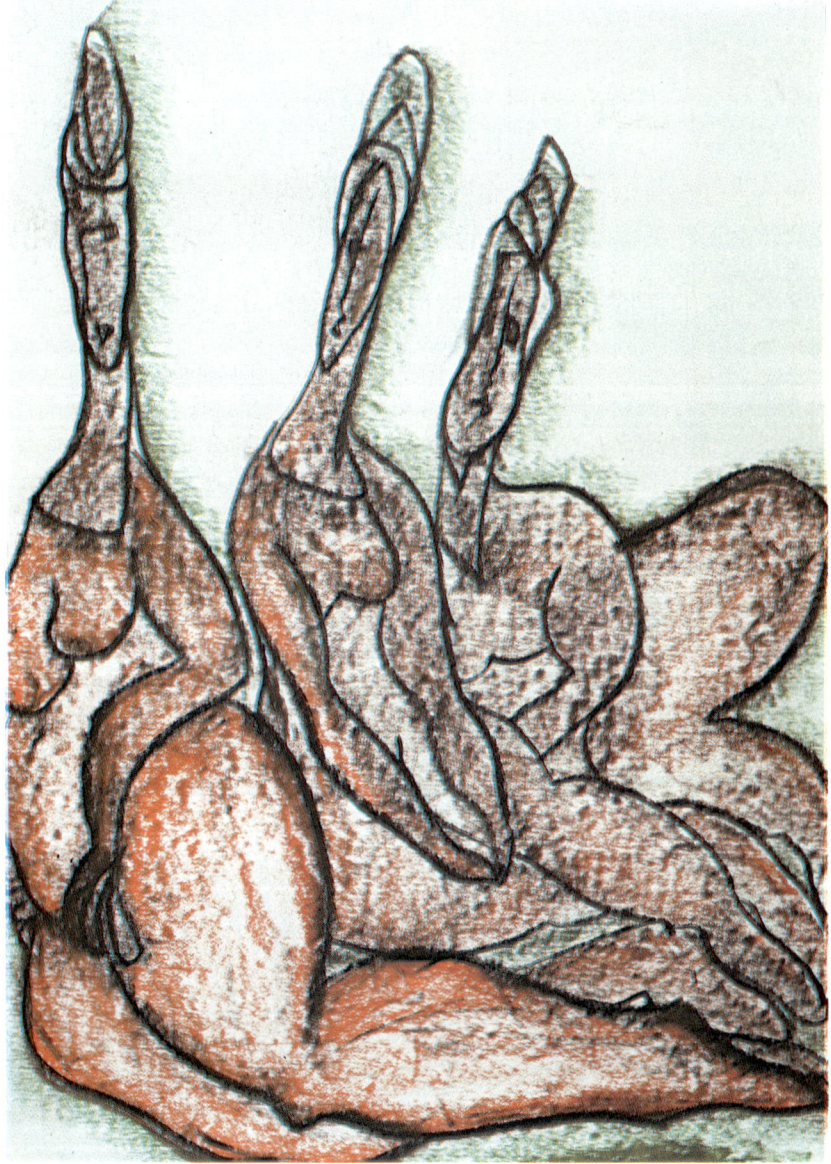

lassen. Und am Ende kamen scheinbar „neue" Renoirs, Cézannes und Picassos heraus.

Für Senhor Gasparetto war das Arbeiten im grellen Studiolicht äußerst ermüdend, da er normalerweise – in Trance – im Dunkeln oder höchstens bei ganz schwachem Licht arbeitet. Befindet er sich bei normalem Bewußtsein, erklärt er, könne er überhaupt nicht malen.

Der Brasilianer erzählt, daß er alle berühmten Künstler, die „durchkommen", sehen, spüren und zu ihnen sprechen kann. Im Zusammenhang mit Matthew Mannings Erfahrungen ist interessant, was Gasparetto von Picasso sagt: „Picasso konnte manchmal richtig ge-

Manchmal mit beiden Händen gleichzeitig, manchmal auch mit den Zehen, aber fast immer innerhalb weniger Minuten gemalt, weisen die in Trance entstandenen Gemälde von Luiz Gasparetto auffallende Ähnlichkeiten mit Arbeiten berühmter verstorbener Künstler auf. Oft sind die „Geister"gemälde signiert, zum Beispiel dieser typische Van Gogh (rechts) mit Vincent und ein etwas ungewöhnlicher Picasso (ganz rechts). Andere brauchen keine Signatur, da der Stil für sich spricht. Wer anders als Toulouse-Lautrec hätte dieses genau beobachtete Portrait einer Halbweltdame (unten) malen können?

walttätig werden. Wenn jemand flüsterte, kam es vor, daß er das Papier einfach zerknüllte und wegwarf."

Luiz Gasparetto unternimmt umfangreiche Reisen mit der Journalistin und Spiritistin Elsie Dubugras, auf denen er seine übersinnliche Kunst, Bilder zu malen, demonstriert. Nach jeder Sitzung werden die Bilder versteigert, und der Erlös kommt einem wohltätigen Zweck zugute.

Gasparetto malt noch immer unzählige Gemälde mit Hilfe seiner übersinnlichen Fähigkeiten – im Gegensatz zu Matthew Manning, der seit seiner Jugend kaum mehr Automatisches Schreiben oder Malen praktiziert. Hatte er es zunächst noch getan, weil er, wie er sagte, so die ihn ständig umgebenden Poltergeister beschwichtigen konnte, habe er inzwischen seine Kräfte ganz in den Dienst des Heilens gestellt.

Manche Medien, wie zum Beispiel Frank Leah, Coral Polge und Margaret Bevan haben Gemälde von Geistern erzeugt, die erschienen, um trauernde Hinterbliebene zu trösten; häufig waren diese „Geisterportraits" verblüffende Abbilder der geliebten Menschen.

Bewunderer wie Skeptiker haben gleichermaßen versucht, mit unterdrückter Kreativität oder sogar mit einer zweiten Persönlichkeit dieses eigentümliche Phänomen übersinnlicher Kunst zu erklären. Vielleicht werden wir nie erfahren, wie oder warum es auftritt, aber unter all den vielen übersinnlichen Phänomenen ist es eines, das niemanden bedroht, sondern, ganz im Gegenteil, oft Werke von außergewöhnlicher Schönheit hervorbringt.

er sein Leben der Unterstützung der Armen widmet und erbauende, unterhaltsame aber auch einträgliche Bestseller hervorbringt. Er will kein Geld mit seinen Büchern verdienen, denn er behauptet, nicht er, sondern verstorbene brasilianische Autoren hätten sie geschrieben.

In den letzten 50 Jahren hat Xavier mindestens fünf Stunden täglich damit zugebracht, verstorbene Autoren seine Feder führen zu lassen – und das, obwohl er bis zu seiner Pensionierung im Jahre 1961 voll berufstätig war.

Bestseller aus der Hand der Geister

Einer „seiner" Bestseller ist der Gedichtband *Parnassus from beyond the tomb* (Gedichtesammlung aus dem Jenseits). Er enthält 259 Gedichte (auf 421 Seiten) in vollkommen unterschiedlichen Stilen. Diese sind mit dem Namen von 56 bekannten verstorbenen Literaten der portugiesisch sprechenden Welt verbunden und signiert. Die Gedichte beschäftigen sich mit vielen Themen – der Liebe, der Scheinheiligkeit des Priestertums, der Entwicklung der Menschheit. Einige Gedichte sind auch ganz einfach nur lustig.

Aber was beweist uns, daß die Automatischen Schriften von Chico Xavier keine bewußten oder unbewußten Fälschungen sind? Ein Hochstapler ist er zumindest nicht. Denn ein solcher hätte liebend gerne die Millionen eingesteckt, die diese Bücher in den letzten Jahren einbrachten.

Xavier ist nicht ganz ungebildet, sondern hat eine Primarschulausbildung besucht – die jedoch in Brasilien nur die allerwichtigsten Grundkenntnisse vermittelt. Sein Vokabular geht allerdings sogar weit über den Horizont auch recht gebildeter Menschen hinaus – er behauptet, daß er oft selbst kein Wort davon versteht. Das trifft auch auf das umfangreiche Werk *Nosso lar* (Unser Heim) zu, das nicht weniger als 2 459 Seiten umfaßt und Xavier angeblich von dem verstorbenen Arzt Andre Luiz diktiert wurde, einem Pionier der Tropenmedizin. Es ist ein Roman in neun Büchern mit einer ganz einfachen Handlung: Der Held stirbt am Anfang des ersten Buches, und die weitere Handlung spielt in der anderen Welt, in „unserem Heim". Diese jenseitige Welt ist nicht das Paradies, als das die Geistlichen sie immer bezeichnen, sagt „Dr. Luiz", sondern ähnelt stark den Bedingungen auf Erden. „Der Tod ist nicht mehr als ein Kleiderwechsel" betont er und beschreibt das Jenseits weiter als „das Paradies oder die Hölle, wie wir sie uns selber geschaffen haben". Jeder Mensch, auch der einfachste, hat einen höheren Zweck, meint er weiter: „Wir sind Gottes Söhne und die Erben der Jahrhunderte und haben uns Werte durch ständige Erfahrung von Jahrtausend zu Jahrtausend erobert."

Eine Reinkarnation gibt es zwar, aber sie folgt noch komplizierteren Gesetzen, als sich diejenigen Menschen vorstellen können, die an sie glauben.

Literatur aus dem Jenseits

Können verstorbene Dichter noch Romane, Gedichte und Schauspiele „schreiben"? Wenn ja, was berichten sie uns denn darin über das Leben nach dem Tode?

Wie in anderen Bereichen des Lebens scheint es auch bei paranormalen Phänomenen Modeerscheinungen zu geben. Seit geraumer Zeit ist beispielsweise das Automatische Schreiben zurückgedrängt worden, sowohl als Versuch, mit Toten in Kontakt zu treten, als auch als reine Zurschaustellung. Und doch entsteht auch heute noch eine Vielzahl Automatischer Schriften. Der wichtigste und produktivste übersinnliche Schriftsteller überhaupt ist in Europa und Amerika nicht so bekanntgeworden, da er als Brasilianer portugiesisch schreibt und zuweilen sich in einer sehr anspruchsvollen und mit Fachtermini überladenen Sprache ausdrückt.

Francisco Candido (‚Chico') Xavier, bereits in den Siebzigern, ist mit Sicherheit einer der beliebtesten Persönlichkeiten in Brasilien, da

Ganz oben:
„Chico" Xavier, Brasiliens bekanntester sprititistischer Autor, bei einer öffentlichen Sitzung Automatischen Schreibens.

Oben:
Die Titelseite von dem Lyrikband „Gedichte aus dem Jenseits", angeblich von nicht weniger als 56 verstorbenen Schriftstellern verfaßt.

Geister diktieren

Bis zur Mitte der siebziger Jahre hatte Xavier 130 Bücher geschrieben, die alle auf ihrem Titelblatt den Vermerk „Vom Geist des ... diktiert" trugen. Angeblich haben über 400 verstorbene Schriftsteller durch ihn posthume Werke geschaffen, die sich mit Sicherheit über Xavier als „Agenten" besser verkaufen als zu ihren Lebzeiten. Alleine von *Our Home* waren bis Ende 1980 150 000 Exemplare abgesetzt worden.

Eine überaus bemerkenswerte Leistung – für manchen auch der schlüssige „Beweis" dafür, daß sich tote Schriftsteller wirklich seiner bedienten – war ein seltsamer Fall von Koproduktion. Xavier schrieb sein Buch *Evolutions in two worlds* (Evolutionen in zwei Welten) in der kleinen Stadt Pedro Leopoldo mit seiner üblichen Technik des Automatischen Schreibens – allerdings wurde immer ein Kapitel übersprungen, so daß sich kein sinnvoller Zusammenhang ergab. Die fehlenden Kapitel „schrieb" indes Dr. Waldo Vieira, Hunderte von Kilometern entfernt. Aber erst nachdem Xavier seine unzusammenhängenden Kapitel fertiggestellt hatte, teilte ihm sein Kontrollgeist mit, daß er sich mit Dr. Vieira in Verbindung setzen solle. Erst jetzt war das ganze Buch vollständig. Es war das erste von 17 Büchern, das auf diese Weise geschrieben werden sollte. Guy Lyon Playfair, Parapsychologe und Xaviers Übersetzer aus dem Brasilianischen, hebt in diesem Zusammenhang besonders hervor, daß sich die von Dr. Vieira geschriebenen Kapitel häufig nahtlos an die von Xavier verfaßten anschließen, ohne daß Dr. Vieira den Inhalt gekannt hätte.

Xavier ist im jetzigen Zeitpunkt, da das Buch geschrieben wird, ein alter und gebrechlicher Mann, fast erblindet auf einem Auge; er bringt die Tage damit zu, in einer von den Buchhonoraren finanzierten Wohlfahrtseinrichtung für ratsuchende Menschen Geisterbotschaften niederzuschreiben, Bücher zu signieren, Hände zu schütteln, Rosen zu überreichen und auf jedes neue Gesicht zuzugehen, als hätte er sich gerade diese Begegnung herbeigewünscht. Seine Sitzungen Automatischen Schreibens hält er meist öffentlich ab, sie dauern ungefähr drei Stunden und jedermann kann zusehen. Ein Beobachter meinte, er schreibe, als ob seine Hand von einer Batterie angetrieben würde. Er tippt seine übersinnlich entstandenen Manuskripte selbst in die Maschine und beantwortet auch seine Briefe eigenhändig, im Schnitt über 200 am Tag. Außerdem besucht er öffentliche spiritistische Sitzungen.

Er wird weithin als Heiliger angesehen – einige seiner Anhänger glauben sogar, er sei eine Reinkarnation von Franz von Assisi. Aber auch Verleumder und Feinde bleiben ihm nicht erspart. Die römisch-katholische Kirche in Brasilien geht sogar soweit, ihn als vom Teufel besessen zu bezeichnen, und ein führender brasilianischer Jesuit hat es anschei-

THE DIVINE ADVENTURE

IONA : BY SUNDOWN SHORES

STUDIES IN SPIRITUAL HISTORY

BY FIONA MACLEOD

LONDON: CHAPMAN AND HALL, LTD.

1900

Second Edition

Ganz oben:
Der schottische Dichter und Okkultist William Sharp, der eine als Fiona Macleod bekannte zweite Persönlichkeit besaß. Beide Persönlichkeiten schrieben, wenn auch ganz unterschiedlich. Die Arbeiten wurden getrennt veröffentlicht, da Sharp nicht bewußt war, daß die Schriften von Macleod von ihm stammten.

Oben:
Das Titelbild von „The Divine Adventure" (Das göttliche Abenteuer) von Fiona Macleod, ein mystisches Werk über die schottische Insel Iona, das im Jahr 1900 veröffentlicht worden war.

nend zu seiner Lebensaufgabe erklärt, Chico Xaviers Ruf zu zerstören.

In Europa neigt man dazu, selbst solche gut belegten Fälle wie diesen nicht ganz ernst zu nehmen, wenn sie sich in so exotischen und entlegenen Ländern wie Brasilien ereignen. Doch das Automatische Schreiben lebt auch noch in Europa. Der Brite Matthew Manning, selbst Medium für Automatisches Schreiben, erklärt, mittlerweile hätten die „Geister" das Schreiben selbst übernommen. Der sonderbarste Fall dieser Art ist Robert Webbe, der das Haus der Mannings in Cambridgeshire (Mittelengland) im 17. Jahrhundert erbaut und in ihm gelebt hatte und dort einige Jahre lang Spuk trieb. Über 300 Namen und kurze Sätze sind in unterschiedlicher Handschrift an Matthew Mannings Schlafzimmerwand erschienen. Nach jeder dieser Geistergraffiti lag auf seinem Bett ein stumpfer Stift, obgleich in der fraglichen Zeit sich kein Mitglied der Familie im Raum aufhielt oder oftmals nicht einmal im Haus war.

In Schottland wurde ein Verlag ausschließlich für die Werke eines bestimmten Geisterschreibers gegründet – oder anders formuliert, für zwei Autoren, die eine doppelte Persönlichkeit bilden. Der eine Autor ist William Sharp, ein Schotte, Dichter und Okkultist, der im Jahr 1905 im Alter von 50 Jahren in Il Castello di Maniace auf Sizilien starb. Auf seinem Grab in der Nähe des Ätna steht ein Steinkreuz, wie es auf der Hebrideninsel Iona gemacht wird, mit zwei Inschriften. Eine lautet:

Lebwohl dem Bekannten und Erschöpften, Willkommen dem Unbekannten und Unermeßlichen.

Die andere ist rätselhafter:

Die Liebe ist größer als wir begreifen, und der Tod ist der Hüter ungekannter Erlösung. F. M.

Wer war nun F. M.? Es sind die Initialen von Fiona Macleod, seines *zweiten Ichs,* seiner personifizierten weiblichen Hälfte, deren Namen und Werke die „keltische Renaissance" im Schottland des späten 19. Jahrhundert inspiriert hatte.

Das Paisley-Projekt

Doppelte oder sogar multiple Persönlichkeiten sind der Psychiatrie nicht unbekannt. Aber das Besondere an „Wilfion", Sharps eigener Bezeichnung für seine beiden Ichs, ist, daß er/sie angeblich Gedanken und Dichtungen aus dem Jenseits übermittelt.

Seit Anfang 1970 erhielt der Amerikaner Konrad Hopkins, ein Kenner des Falles William Sharp, von vielen Verstorbenen Automatische Schriften übermittelt, unter anderem von „George Windsor", d.h. von König Georg VI., hauptsächlich aber von Sharp selbst. Im Jahre 1974 traf Hopkins das holländische Medium Ronald van Roekel, und beide wagten kurz darauf die Gründung eines Verlages namens Wilfion Books in Paisley in Schottland.

Inzwischen entdeckte eine Frau Margo Williams aus Ventuor, auf der Isle of Wight vor der Südküste Englands, ihre lange verborgen gebliebenen Fähigkeiten. Im Sommer 1980 hatte Margo bereits mehr als 400 Automatische Schriften empfangen, die angeblich von über 360 verstorbenen Personen stammten. Zuerst kam ihr Kontrollgeist Jane und dann ein gewisser William Sharp zu ihr durch.

Der tote schottische Dichter verständigte Konrad Hopkins auf dem Weg des Hellhörens über seine Verbindung zu Margo Williams. Ein Briefwechsel zwischen dem Medium und den Verlagsinhabern von Wilfion Books entspann sich, und bald vereinbarte man die Herausgabe des *Wilfion scripts* in Paisley, d.h. der Schreiben Wilfions, die von Margo Williams empfangen wurden.

Die „Wilfion scripts" bestehen aus 92 Gedichten und etwas Prosa. Die Gedichte sind insgesamt kurz, kindisch und schlecht. Hopkins und van Roekels Einleitung zu den Gedichtbänden enthält folgende einigermaßen seltsame Entschuldigung für die mangelhafte Qualität der Dichtung:

„Sharp ... achtet nicht auf die Qualität der Verse, weil er versucht, ein wahrhaft schreckliches Bild getreu wiederzugeben, das er dank seiner Fähigkeit, Empfindungen an den magischen Steinkreisen aufzunehmen, sah oder wieder durchlebte, und das ihn dann bis ans Ende seines Lebens verfolgte."

Margo William hingegen schreibt Wilfion

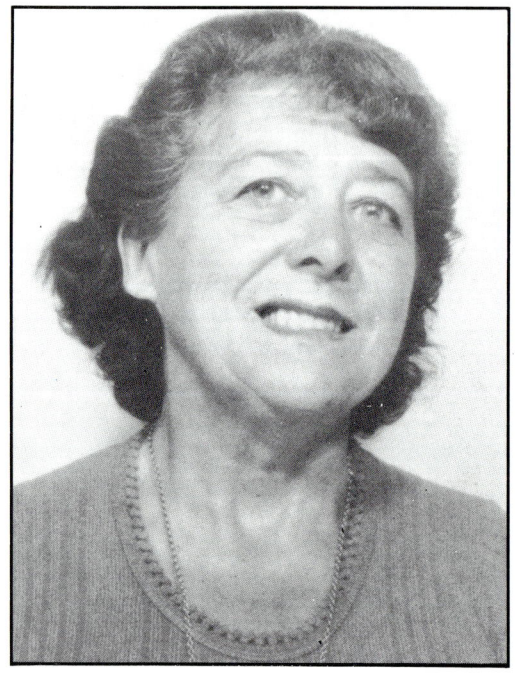

Oben:
Der englische König Georg VI., der als „George Windsor" nach seinem Tod mit dem amerikanischen Medium Konrad Hopkins kommunziert haben soll.

Oben rechts:
Das Medium Margo Williams, unter deren zahlreichen Automatischen Schriften sich auch Gedichte von „Wilfion" befinden.

ganz großzügig eine „meisterhafte Ökonomie der Sprache" zu. Am 12. Dezember 1976 diktierte William Sharp durch sie:

Erlebte Bilder der Vergangenheit
beeindrucken und dauern für alle Zeit.
Bilder, welche Zeiten überleben
werden spannende Seiten ergeben.

Und ironisch beschreibt er wohl die Gefühle vieler seiner jüngsten Leser, als er am 19. Januar 1977 folgendes diktierte:

O, wie köstlich
Sharp schaff ich
einen andern Namen her
bleib doch er.
Macleod man mich heißen mag
bis zu meinem Todestag
kann wundersame Geschichten
aller Arten dichten
keltischer Vers klingt mehr schlecht
als recht
aus intelligentem Kopf
merkt das doch kein Tropf.
O, wie köstlich
lachen laß ich
alle laut
über Macleod.

In der Sprache der Parapsychologie können alle diese seltsamen Erscheinungen als Ergebnisse „telepathischer Psychokinese", als „Selbstautomatismus" oder „unterdrückte psychosexuelle Kreativität" erklärt werden. Aber verschleiert das unter wissenschaftlichen Begriffen nicht die Tatsache, daß wir einfach nicht wissen, was genau dahinter steckt?.

Die Geburt des modernen Spiritismus

Im 19. Jahrhundert erlebte das Interesse am Spiritismus einen gewaltigen Aufschwung über alle sozialen Schichten und Nationalitäten hinaus. Viele prominente Persönlichkeiten nahmen an spiritistischen Sitzungen teil und waren dann, nach anfänglicher Skepsis, von unerklärlichen Phänomenen tief beeindruckt.

Ein großer Wissenschaftler vom Skandal verfolgt

Sir William Crookes, ein bedeutender englischer Physiker und Chemiker, gilt für viele als der entscheidende Mann, der durch seine Arbeiten das Ansehen der Parapsychologie gefördert hat. Er entwickelte eine ganze Reihe von Apparaturen zur technischen Kontrolle der physikalischen Phänomene.

Sir William Crookes (1832–1919), angesehener Präsident der Society for Psychical Research, sei ein Lügner und Betrüger gewesen. Diese aufsehenerregende Behauptung stellte der Vermessungsbeamte und parapsychologische Autor Trevor Hall auf, nachdem er Crookes Séancen mit dem Medium Florence Cook aus dem Jahre 1874 gewissenhaft untersucht hatte. Damals war der materialisierte „Geist" von Katie King angeblich umhergelaufen und hatte mit den Anwesenden gesprochen.

In der Zeitschrift *The Spiritualist* (1962, Der Spiritist) wirft Hall dem Wissenschaftler eine Komplizenschaft mit dem Medium vor, um betrügerische paranormale Phänomene zu erzeugen. Hall war nicht der einzige Parapsychologe, der nicht glauben wollte, daß Katie King ein echter Geist war, aber allgemein nahm man an, daß Crookes, trotz seines Bestrebens um wissenschaftliche Korrektheit, durch Florries raffinierte Tricks übertölpelt worden war.

Hall, ein diplomierter Gutachter, Magistrat und Ehrenvizepräsident eines parapsychologischen Vereins, machte es sich zur Aufgabe nachzuweisen, daß Crookes mit dieser gewieften Betrügerin ein Komplott geschmiedet hatte. Im Laufe seiner Forschungen untersuchte er auch bis dahin unveröffentlichtes Material. Bei seiner Arbeit konnte er keine offiziellen Geburtsdaten von Florrie finden. Bedeutete dies, so überlegte er, daß sie unehelich geboren war? Das Fehlen dieser Geburtsurkunde, vermutete Hall, ermöglichte es dem Medium, ihr Alter zu fälschen.

Hall untersuchte vor allem die Geschehnisse um das Jahr 1874, als Florrie von Charles Blackburn Zahlungen erhielt, die ihre Zukunft als Medium zu sichern schienen. Die Dinge nahmen jedoch eine plötzliche Wendung, als während einer Séance William Volckmann die angebliche Geistergestalt Katie King zu fassen versuchte. Der Tumult, den diese Sache verursachte, erschütterte die Glaubwürdigkeit des Mediums und ihr Gönner drohte, ihr kein Geld mehr zu schicken.

Hall behauptete, daß Florrie unmittelbar nach diesem Vorfall hin wegging, um William Crookes ihre Dienste anzubieten. Er hatte seine Absicht erklärt, spiritistische Phänomene zu untersuchen und arbeitete bereits mit dem berühmten Medium Daniel Dunglas Home zusammen. Er erklärte sich auch bereit, sie zu testen.

In der Zwischenzeit zerstreuten sich Blackburns Zweifel an Florries Echtheit als Medium wieder, und er schickte ihr erneut Geld. Zudem erklärte Crookes bald, daß die von Florrie erzeugten Phänomene echt seien. Er unternahm eingehende Untersuchungen, die in einer photographischen Sitzung gipfelte, bei der er 44 Bilder von der materialisierten Katie King aufnahm.

Hall ging jedoch nicht nur soweit zu behaupten, daß die Séancen nicht echt waren, sondern warf Crookes vor, dies geahnt und selbst betrügerisch mit dem Medium zusammen gearbeitet zu haben. Seine Thesen stützt Hall vor allem auf Crookes seltsames Verhalten zu jener Zeit.

Obwohl seine Experimente den Anspruch der Wissenschaftlichkeit hatten, veröffentlichte Crookes seine Ergebnisse nicht in angesehenen wissenschaftlichen Zeitschriften, sondern in *The Spiritualist*. Er nannte keine Namen von Zeugen der einzelnen Séancen, die er geleitet hatte, und verlangte von ihnen auch keine unterzeichneten Berichte. Den Séancen wohnte jeden Abend ein anderes, speziell geladenes Publikum bei, und nur wenige Menschen hatten die Möglichkeit, die vorgeführten Tricks zwei mal zu sehen.

Crookes behauptete, Florrie und Katie seien von ihrer physischen Statur her unterschiedlich, auch wenn Augenzeugen immer wieder angaben, daß sie identisch schienen. Er schrieb ferner, er habe mehrere Male den materialisierten Geist und das Medium zusammen gesehen. Doch war es niemand anderem von wissenschaftlichem Rang vergönnt, die beiden gleichzeitig zu beobachten.

Wenn der Geist Katie King sich materialisierte, war der Vorhang immer zurückgezogen, um den Zeugen das in Trance befindliche Medium auf dem Boden oder Sofa liegend zu zeigen. Florries Gesicht war jedoch immer mit einem Tuch bedeckt und bei dem Dämmerlicht wäre nicht zu erkennen gewesen, ob dort nicht nur die mit Kissen ausgestopften Kleider lagen.

Im Rahmen der Experimente fand auch eine „Doppelmaterialisation" statt. Ein zweites Medium, Mary Showers, ging mit Florence Cook ins Haus des Wissenschaftlers und dort in das für die Zuschauer einsehbare Kabinett. Nach der üblichen Zeit von etwa 30 Minuten tauchten zwei Geistergestalten auf, Katie King und Florence Maple. Sie gingen Arm in Arm im Séanceraum umher.

Hall behauptet, Mary Showers habe Crookes gegenüber später zugegeben, betrogen zu haben. Wenn nun Katie King ein echter Geist gewesen sei, wie wäre es dann überhaupt vorstellbar, daß ein Geist mit einem verkleideten

Linke Seite:
Katie King. Ein Zeitgenosse, der Parapsychologe William Edward Cox, über ihre Materialisationen: „Sind sie echt, ihre Bedeutung kann nicht hoch genug veranschlagt werden – sind sie betrügerisch, so können sie nicht mehr übertroffen werden." Selbst heute noch wird die Ansicht vertreten, daß Katie King unserer Zeit den Beweis für die Auferstehung geliefert hat.

Rechts:
Florence Cook in ihrem späteren Leben. Sie heiratete im Jahr 1874 heimlich Captain Edward Elgie Corner, während sie von Sir William Crookes auf ihre medialen Kräfte untersucht wurde. Den Grund für die Geheimhaltung ihrer Heirat kann man nur vermuten. Die späteren Verdächtigungen über ihre Beziehungen zu Crookes, Präsident der S.P.R., werden von vielen bedeutenden Parapsychologen zurückgewiesen.

Unten:
Das Haus Ladbroke Grove 34 in Notting Hill im Westen Londons; hier starb Charles Blackburn im Jahr 1891 im Kreis der Familie Cook. Kate (Florries Schwester) und Captain Corner wurden Hauptnutznießer seines Testaments, während Florrie wenig erbte.

Menschen, also mit Mary Showers, auf und ab geht?

Für Hall folgt daraus zwingend, daß Florence Cook auch eine Betrügerin war. So konnte also auch Crookes sie und Katie King nicht, wie er in seinen Séanceberichten behauptet hatte, zusammen gesehen haben. Warum hat er gelogen? Weil er eine Affaire mit dem Medium hatte, lautet Halls Erklärung. Die Séancen ermöglichten ihm, sie oft zu sehen, sie längere Zeit in seinem Haus wohnen zu lassen, während seine Frau zum zehnten Male schwanger war, gelegentlich nahm er sein Medium sogar mit nach Paris.

Gegenüber der Society for Psychical Research wurde diese These von Francis Anderson erhärtet, der erklärte, daß Crookes im Jahr 1893 auch ein Verhältnis zu Florence Cook gehabt habe. Damals habe sie ihre intime Beziehung zu Crookes zugegeben. Sie erzählte Anderson ferner, daß ihre Sitzungen auf Betrug beruhten und Crookes sie zur Vertuschung ihrer Beziehung veranstaltet habe.

Hall zitiert in seinem Buch die Aussagen von Anderson und ergänzt sie noch um einen Be-

Ein unabhängiger Geist

Graf Louis Hamon, der als „Cheiro" (links) für seine Handlesekunst bekannt war, lieferte für Florence Cooks Echtheit als Medium ein unabhängiges Zeugnis. Diese Geschichte wurde erstmals 1961 in der Zeitschrift „Fate" veröffentlicht.

Hamon schreibt, daß ihn sein Freund Robert W. Macbeth, ein hochtalentiertes Mitglied der Royal Academy, aufforderte, einen Beweis dafür zu erbringen, daß die Geister durch die aktive Arbeit begabter Individuen – „Medien" genannt – aus dem Reich der Toten zurückkehren könnten. Hamon schrieb:

„Ich dachte an Miss Cook mit ihrer außerordentlichen Gabe, Materialisationen sogar bei Licht erscheinen zu lassen. Ich hatte so viele Erfahrungen mit ihr als Medium gemacht, daß mein Gefühl mir sagte, ich könne die Herausforderung guten Gewissens annehmen und alles überprüfen."

Graf Hamon gab Macbeth Florries Adresse, und dieser ging sofort und rief eine Droschke, um nach ihr zu schicken.

„Es war erst eine Woche her", bekräftigte Hamon, „daß ich mit General Sir Alfred Turner in Sir William Crookes Haus gewesen war und sich dort nicht nur ein, sondern mehrere Geister materialisiert hatten und bei voller Beleuchtung im Raum umhergingen."

Binnen einer halben Stunde war die Droschke mit dem Medium zurück, das sich einverstanden erklärte, eine Séance unter strengen Testbedingungen zu geben.

Frau Macbeth führte Florrie in ihr Schlafzimmer, wo sie gebeten wurde, sich zu entkleiden und Frau Macbeths Hauskleid anzuziehen. Florrie kam zurück und wurde an einen Stuhl gebunden. Macbeth versiegelte die Knoten, ihre Füße stellte man bis zu den Knöcheln in eine halb mit Gips gefüllte Wanne. Nachdem der Gips hart geworden war, verschloß Macbeth die Tür.

Ein Vorhang wurde nicht verwendet. Das Medium saß im Dunkeln an dem einen Ende des Raumes, und die Zeugen saßen am anderen Ende neben einem Klavier, auf dem eine brennende Lampe stand. Nach etwa zehn Minuten sahen alle etwas in der Luft schweben.

„Langsam, aber klar und deutlich, erschien die Gestalt einer jungen Frau. Kopf, Gesicht und der Körper bis zur Taille bildeten sich deutlich heraus. Es bestand kein Zweifel, daß dies die Erscheinung eines jungen Mädchens war."

Die Erscheinung bewegte sich vor Macbeth und sagte in gebrochenem Englisch: „Monsieur, kennen Sie mich noch?"

Sie erinnerte Macbeth dann an ein tragisches Ereignis in seinem früheren Leben in Algier. Dort war das junge Mädchen ermordet worden, dessen Geist man in der Erscheinung vor sich zu haben glaubte. Diese Séance lieferte dem Ehepaar Macbeth und Graf Hamon den schlüssigen Beweis für das Leben nach dem Tode und für die Echtheit von Florries medialen Fähigkeiten.

richt, wie Florrie Cook, damals Frau von Edward Elgie Corner, ihn verführt habe, als er sie in ihrem Haus besuchte.

Hall deckt in seinem Bericht auch die Geschichte der Familie Cook auf, die offenbar geldgierig war. Als Charles Blackburn, aus welchen Gründen auch immer, die Zahlungen an Florence schließlich einstellte, entwickelte ihre Schwester Kate plötzlich mediale Fähigkeiten, die mit denen von Florrie fast identisch waren – und Blackburn begann kurz darauf, sie finanziell zu unterstützen.

Bald lebte die Familie Cook (mit Ausnahme von Florrie) zusammen mit dem alten und kränklichen Blackburn, und er vermachte ihnen testamentarisch sein Geld und seinen Besitz unter der Bedingung, daß sie seine geistig behinderte Tochter Eliza versorgen sollten. Als er kurz vor seinem Tod zu krank war, um Séancen zu besuchen, kam es vor, daß Blackburn Briefe an Lillie Gordon schrieb, den Geist, der sich bei Kates privaten Sitzungen zu Hause „materialisierte". Er adressierte sie an „Mein liebster Geist Lillie" und schloß die Briefe mit den Worten „Alles Liebe und viele Küsse". Ihre mit Bleistift geschriebenen Antworten waren in ähnlich vertrautem Ton gehalten. Wahrscheinlich hat dieser „Geister"-Briefwechsel den leichtgläubigen Mann bei der Abfassung seines letzten Willens beeinflußt.

Rechts:

Ein serienmäßig gedrucktes Plakat für Bühnenzauberer zur Ankündigung von „Séancephänomenen" mit freiem Platz für Hinweise auf besondere Kunststücke. Mit zunehmender Popularität des Spiritismus im ausgehenden 19. Jahrhundert nahmen die Zauberer sehr schnell entsprechende Kunststücke in ihr Repertoir auf. Und auch manches Medium war in Wirklichkeit nur ein geschickter Zauberer. Die Entlarvung solcher Medien als Betrüger schädigte den Ruf der spiritistischen Bewegung nicht. In „The Spiritistualists" (1962) blieb Trevor Hall bei seiner Behauptung, daß Florence Cook geschickt das Vertrauen der Leute mißbraucht und „den Materialisationstrick" nur zu ihrem eigenen Nutzen angewendet habe.

„Ich hab alles genau vor Augen wie es anfing, als ob es heute wäre."

Trevor Hall hatte im Jahr 1963 mit einem Artikel in dem Magazin *Tomorrow* (Morgen) auf die Kritik an seiner Theorie geantwortet. Dies forderte wiederum die detaillierte Widerlegung eines anderen Forschers, Mostyn Gilbert, heraus. Drei Monate lang erschien eine Serie darüber in der spiritistischen Wochenzeitung *Psychic News*. Gilbert schickte voran, seine eigene Untersuchung des veröffentlichten und unveröffentlichten Materials habe bei ihm das Gefühl hinterlassen, daß „Crookes Untersuchungen der medialen Kräfte von Florence Cook, Mary Showers *und* einer gewissen Frau Fay ausreichend wissenschaftliches Niveau besäßen, um es *wahrscheinlich* zu machen, daß ihre Erscheinungen echt waren."

Hall, der es inzwischen leid schien, die Kontroverse weiterzuführen, erklärte, daß sein Artikel sein letztes Wort zu den Séancen sei.

Die Auseinandersetzung geht jedoch weiter, auch wenn es heutzutage unmöglich ist, auch nur zu einigermaßen gesicherten Schlüssen zu kommen, da über hundert Jahre vergangen sind und manches grundlegende Beweisstück sich nicht mehr beibringen läßt. Erwähnt werden muß, daß Halls Behauptung, daß kein namhafter Wissenschaftler Crookes Séancen verfolgt habe, nicht stimmt. Alexander Aksakow, Begründer der in Deutschland erschienenen Zeitschrift *Psychische Studien*, verbürgte sich für die Echtheit der Phänomene, ebenso Florence Marryat, die alle berühmten Medien der Zeit kannte.

Einer der Nutznießer dieses Testamtents war, laut Hall, Florries Mann, Edward Elgie Corner, ein Matrose. Er hatte Florrie am 29. April 1874 geheiratet, was aber bis zum Juni vor Blackburn und Crookes geheimgehalten wurde. Nach Florries Tod im Jahr 1904 heiratete Corner die Schwester Kate Cook. Alles in allem war das Bild, das Hall von den Cooks zeichnete, wenig ansprechend.

Es gab aber auch andere, eher positiv wirkende Darstellungen von Florries Person und ihren medialen Fähigkeiten. Es bestand überhaupt kein Geheimnis um ihr Geburtsdatum. Bei weiteren Nachforschungen in den öffentlichen Geburtsregistern ließ sich Florence Cooks Geburtsurkunde ohne Schwierigkeiten finden. Und es stellte sich heraus, daß ihre einzige Lüge darin bestanden hatte, sich um einen Monat jünger zu machen.

Von Francis Andersons Angaben, auf die sich Hall berief, blieb auch nicht viel übrig. Die Kritiker von Hall weisen darauf hin, daß Anderson sie erst 56 Jahre nach seiner angeblichen Affaire mit Florrie gemacht wurden, als er bereits das stattliche Alter von 79 Jahren erreicht hatte. Darüber hinaus zeigte sich bei einem Besuch des Hauses, in dem Florence ihn angeblich verführt hatte, daß seine Erinnerung an Raumverteilung und Einrichtung vollkommen falsch war, während er behauptet hatte:

Oben:
William Crookes Arm in Arm mit Katie King.

Rechts:
Katie war angeblich einige Zentimeter größer als Florrie, aber dieses Photo erweckt doch den Anschein, als ob dieser Effekt dadurch erreicht worden war, daß sie auf einem Hocker kniet und ihren langen Rock darüberwirft, der bis zum Boden reicht. Nach diesem Photo allein zu urteilen, sind Katies Beine ungewöhnlich lang – und ihr Kleid wirkt sehr befremdend.

Klopfzeichen aus dem Jenseits

Im Haus der Familie Fox waren seltsame Klopfgeräusche zu hören. Ganz Amerika verfolgte den Fall in angespannter Aufmerksamkeit. Für viele Menschen war nun endlich der Beweis dafür erbracht, daß die Toten mit den Lebenden Kontakt aufnehmen und halten können.

Was Margaretta Fox und ihre Schwestern, wenn man den Berichten trauen darf, erlebten, gehört wohl zu den sensationellsten Fällen der Parapsychologie. Ein unumstößlicher Beweis dafür, daß wir mit den Geistern der Toten Kontakt halten können – allerdings vorausgesetzt, daß die Toten in Geisterform so existieren, daß man mit ihnen Kontakt aufnehmen kann. Ist der Beweis schlüssig, dann würde dies jahrtausendelangen Spekulationen über das Leben nach dem Tode ein Ende setzen. Der Tod bezeichnete dann nicht mehr das Ende des Lebens, sondern bedeutete eine Verlagerung des Seins auf eine andere Ebene. Wir brauchten dann unser Leben auf Erden nicht als ein biologisches Phänomen von kurzer Dauer zu betrachten, sondern könnten es als einen fortlaufenden Prozeß begreifen. Dies scheint die Schlußfolgerung aus jenen Ereignissen darstellen zu können, die sich in einem

kleinen Holzhaus in Hydesville, einem Dorf im Staate New York, am 31. März 1848 zugetragen haben. Sie bildeten den „Durchbruch" der modernen spiritistischen Bewegung der westlichen Welt, deren Anhänger in den folgenden Jahrzehnten zu Millionen anwachsen sollten. Darüber hinaus gaben die Geschehnisse Anstoß zur Herausbildung der modernen Parapsychologie als Wissenschaft.

Insgesamt hatte die Familie Fox sieben Kinder, von denen jedoch nur drei direkt von den Ereignissen des Jahres 1848 betroffen waren, Leah, Margaretta und Catherine. Eine detaillierte Schilderung der Vorkommnisse lieferte ihre Mutter Margaret Fox vier Tage später unter Eid, und ihr Mann bestätigte die Richtigkeit ihrer Angaben. Sie beschrieb, wie in dem Haus, in dem sie vorübergehend wohnten, die Wände und Möbel auf unerklärliche Weise ge-

Rechts:
Catherine Fox und ihre Schwester Margaretta (Mitte rechts). In der unmittelbaren Umgebung der beiden Mädchen erfolgten ständig paranormale Klopfzeichen. Die Geister teilten den Mädchen angeblich mit, daß sie auserwählt seien, die Welt von einem Leben nach dem Tod zu überzeugen. Auf ihre Reise nach Rochester zu ihrer Schwester Leah (ganz rechts) begleiteten sie die Geräusche und traten selbst an Bord des Dampfers auf.

Unten:
Das Haus der Familie Fox in Hydesville im Staat New York nach einer Postkarte aus den dreißiger Jahren. Das ursprüngliche Gebäude fiel dem Feuer zum Opfer. Heute steht eine genaue Nachbildung aus den fünfziger Jahren an der Stelle.

wackelt hätten, ferner Fußtritte und Klopfgeräusche an Wänden und Türen zu hören gewesen wären. Die Familie hatte daraus gefolgert, daß das Haus von einem unseligen, rastlosen Geist heimgesucht würde.

Durch die Belästigungen ermüdet, ging die Familie am Abend jenes Freitags, des 31. März, zeitig zu Bett. Die einzigen noch bei den Eltern lebenden Kinder, Margaretta und Catherine, waren durch die Geräusche verängstigt und schliefen im Zimmer der Eltern. Zweifellos war es die beruhigende Anwesenheit ihrer Eltern, welche die beiden Mädchen veranlaßte, so keck zu reagieren, als die Geräusche wieder einsetzten.

„Die Kinder hörten das Klopfen und versuchten, ähnliche Geräusche zu erzeugen, indem sie mit ihren Fingern schnalzten. Meine jüngste Tochter Cathie sagte: ‚Heda,

Die Eltern der Geschwister Fox, Margaret (unten) und John (ganz unten). Da sie nicht an „Spukhäuser" glaubten, kamen die Eltern zu dem Schluß, daß die Geräusche von einem „rastlosen" Geist kämen, der dann auch tatsächlich verkündete, ein Hausierer (oben) gewesen zu sein, der fünf Jahre zuvor in diesem Haus ermordet worden ist.

mach's mir nach!' und klatschte in die Hände. Sofort ertönten ebenso viele Klopfzeichen. Als sie aufhörte, verstummte der Laut kurze Zeit. Dann sagte Margaretta im Spaß: ‚Nein, mach's so wie ich. Zähl eins, zwei, drei, vier!' und klatsche gleichzeitig in die Hände; und das Klopfen kam wieder wie vorher. Angst ergriff sie, und sie traute sich nicht, es noch einmal zu machen …"

Ein im Hause weilender Besucher, Isaak Post, fand heraus, daß die Klopfzeichen sinnvolle Einheiten darzustellen schienen. Mit Hilfe eines einfachen Klopfalphabets versuchten die Anwesenden, mit dem Geist zu kommunizieren. Bald konnten sie ein Frage-Antwort-Spiel aufnehmen. So stellte sich heraus, daß das Klopfen von einem Geist kam. Schließlich bekannte sich das Wesen als 31jähriger Hausierer. Es behauptete, daß man ihn in diesem Haus ermordet und seine Gebeine im Keller vergraben habe.

Man holte Nachbarn, welche die Vorgänge bestätigen sollten, und auch sie hörten das Klopfen, stellten selber Fragen und erhielten

Antworten. Am folgenden Tag kamen weitere Besucher, und am Abend fingen ein paar Männer auf Drängen des Geistes an, im Keller zu graben, um zu prüfen, ob sich die Geschichte bestätigen ließe. Leider füllte sich das Loch mit Wasser, und der Versuch mußte aufgegeben werden. In späteren Berichten heißt es zwar, daß man tatsächlich menschliche Knochen gefunden habe, Frau Fox erwähnte dies in ihrer Erklärung vom 4. April jedoch nicht. Sie behauptete, daß ungefähr 300 Menschen zugegen waren, als sich am Samstagabend die Geräusche wiederholten: Am Sonntag konnte man keine Laute vernehmen, doch sie begannen am Montag wieder und hielten bis Dienstag an, dem Tag als Frau Fox ihre Erklärung abgab. Der Familie Fox erschien das Ganze als ein Fall von Geisterspuk. Immer wieder wird davon gesprochen, daß die Toten auf die Erde zurückkehren, um den Lebenden Botschaften oder Warnungen zu überbringen. Aber im Hydesville-Fall ist ein neues Element hinzugetreten – der Dialog zwischen Lebenden und Toten. Andere, wie zum Beispiel das Trancemedium Emma Hardinge-Britten, erkannten die Bedeutung dieses Falles: daß nämlich „unzählige Geister mit dem Diesseits in Verbindung treten können und daß durch die Kraft des Magnetismus manchem „mediale Fähigkeiten" zuteil wurden und anderen versagt blieben".

Anfangs legte man der Sache gar nicht so große Bedeutung zu, es war nur klar, daß die Fox-Schwestern eine besondere übersinnliche Voraussetzung für diese Kommunikation haben mußten: Das Klopfen ereignete sich nur in ihrer Gegenwart und folgte ihnen, wohin auch immer sie gingen. So auch, als sie auf der Suche nach Ruhe vor dem öffentlichen Trubel mit ihrer Mutter Hydesville verließen, um bei ihrer älteren Schwester Leah in Rochester zu wohnen. Wenn auch kurze Zeit später andere

Leute ihre „medialen Kräfte" entdecken sollten, so schienen doch die Geister selbst zu bekräftigen, daß die Fox-Schwestern ganz besonders talentiert waren. Wiederholt wiesen die Botschaften darauf hin: „Ihr seid auserwählt, vor die Welt zu treten und die Skeptiker von der Wahrhaftigkeit des ewigen Lebens zu überzeugen."

Stimmt es, daß einfache Mädchen vom Lande solche Botschaften erhalten können, so hätte man dies in der Tat als Beweis dafür nehmen können, daß Wesen von einer anderen Seinsebene Kontakt mit uns aufnehmen wollten. Aber so einfach scheint die Sache nicht, da derlei Dinge in den vierziger Jahren in Amerika schon ins öffentliche Interesse gerückt waren.

Im 18. Jahrhundert hatte es bereits Leute gegeben, die den damals in Mode gekommenen Mesmerismus, eine frühe Form der Hypnose, nicht als einen vorübergehend veränderten Geisteszustand betrachteten, für den es ganz normale Erklärungen gab, sondern als einen Vorgang, der die Möglichkeit zur Kommunikation mit den Geistern eröffnen sollte. Seit jener Zeit wurde eine hitzige Kontroverse darüber in Gang gesetzt, die auch in den amerikanischen Zeitungen und Zeitschriften deutliche Spuren hinterließ. Andrew Jackson Davis, ein Zeitgenosse, hatte dies bereits zwei

Ganz oben:
Emma Hardinge Britten, Medium und Verfasserin des Buches über den modernen amerikanischen Spiritismus (Oben rechts die Titelseite der ersten Ausgabe). Sie trug dazu bei, der neuen wissenschaftlichen Auseinandersetzung mit dem Spiritismus den Boden zu bereiten.

Jahre vor den Ereignissen in Hydesville für sich ausgenutzt. Davis (1826–1910) war ein amerikanischer Mystiker und Medium dazu. Er wurde durch seine Schriften, die er in Trance diktierte, und seine Visionen über das Leben im Universum zum Verkünder einer neuen Ära. Auch wenn seine Beschreibungen zum Teil falsch sind, war er zu seiner Zeit doch vielerorts anerkannt. Noch mit sechzig Jahren promovierte Davis, der auch als Heiler in seiner „Hellseh-Klinik" wirkte, zum Doktor der Medizin.

Der Anbruch einer neuen Ära

Durch seine Veröffentlichungen wurde Davis zu einem der Führer der spiritistischen Bewegung. Seine Schriften verbreiteten eine Art Aufbruchstimmung und machten verständlich, warum sich die Öffentlichkeit so auf die Ereignisse von Hydesville als Zeichen eines neuen Zeitalters stürzte.

Die Dinge kamen rasch ins Rollen. Während die Mädchen bei ihrer Schwester Leah in Rochester wohnten, erhielten sie von den Geistern den Auftrag, den größten Saal in der Stadt zu mieten und ihre Kräfte in der Öffentlichkeit unter Beweis zu stellen. Dies taten sie am 14. November 1848. Damit wurde die öffentliche Diskussion entfesselt, und bald war offensichtlich, daß die öffentliche Meinung deutlich in zwei Lager gespalten war: in begeisterte Anhänger, die nur auf so eine klare Botschaft gewartet hatten, und nicht minder fanatische Skeptiker, welche die Phänomene bestenfalls als Betrug, wenn nicht gar als Teufelswerk hinstellten.

Die Wogen schlugen beängstigend hoch. Die Mädchen wurden weithin lächerlich gemacht, wiederholt tätlich angegriffen, und man trachtete ihnen sogar nach dem Leben. Zwei Gremien untersuchten die Mädchen unabhängig voneinander, konnten ihnen aber keinerlei Schwindel nachweisen, was ihre Gegner jedoch umso ärgerlicher stimmte. Den Schwestern wurde es unmöglich, ein normales Leben zu führen. Sie verließen Rochester, verlegten ihren Wohnort über Troy nach

Albany und dann im Jahr 1850 nach New York.

Die drei Schwestern nahmen New York wie im Sturm ein. Die Reporter stürzten sich auf sie und waren ihnen überwiegend wohl gesonnen.

Man muß zugeben, daß nach heutigen Maßstäben die damaligen Untersuchungsverfahren primitiv waren, aber man muß auch in Rechnung stellen, daß sich die Leute in New York, die an den Séancen der Schwestern teilnahmen, nicht täuschen lassen wollten. Viele hundert Zuschauer kamen in der festen Absicht, der Welt endlich zu enthüllen, wie die Fox-Schwestern ihren Betrug inszenierten. Sie verließen die Séance jedoch, wenn auch nicht vom Nachweis von Geisterbotschaften überzeugt, so doch mit dem Gefühl, daß sich die

Phänomene allen herkömmlichen Erklärungsmustern entzogen. Horace Greeley, der Herausgeber der Tageszeitung *Tribune* und einer der einflußreichsten Männer im Land, war von der Integrität der Schwestern restlos überzeugt und wurde ihr entschiedener Fürkämpfer.

Allmählich tauchten auch andere Medien auf, die den Fox-Schwestern nacheiferten, ihre einmalige Stellung aber nicht in Frage stellen konnten. Immer mehr übersinnliche Phänomene wurden mit der Zeit nachgewiesen. Die Palette reichte von Fragen und Antworten durch Klopfzeichen, Automatischem Schreiben über Kommunikation durch Direkte Stimme bis hin zum Rücken von Möbeln, Apportieren von Gegenständen und Levitation von Medien und Teilnehmern. Die Schwestern wurden immer wieder von verschiedenen Forschern getestet. Die gründlichste Untersuchung führte wohl Sir William Crookes durch, dem sich Kate Fox bei einem Englandaufenthalt zur Verfügung stellte. Er setzte sich überzeugend für sie ein:

Rechts:
Eine Karikatur des einflußreichen Politikers und Herausgebers der „New York Tribune", Greeley. Er unterstützte die Foxschwestern und glaubte an die Echtheit der Phänomene, legte sich aber hinsichtlich ihrer Natur nicht fest.

Unten und links:
Andrew Jackson Davis, amerikanischer Mystiker und Medium. Er zweifelte nicht daran, daß es möglich sei, mit den Toten zu sprechen (links: eine Zeichnung, wie Davis eine Nachricht von einem „Geist" erhält). In den frühen vierziger Jahren des 19. Jahrhunderts verkündete er, daß sich dies bald in der Öffentlichkeit zeigen werde. Davis Vorhersage erfüllte sich für viele Amerikaner im Jahr 1848, als die Phänomene der Fox-Schwestern auftraten. Davis wurde zum Prophet des Spiritismus.

Linke Seite, Mitte und unten:
Den Fox-Schwestern und dem Spiritismus gewidmete Denkmäler: eine Säule in Rochester (unten), der Stadt, in der die Schwestern ihre medialen Fähigkeiten das erste Mal öffentlich demonstrierten; und eine Innenansicht des Hauses in Hydesville (unten), das zu einem Museum umgebaut wurde.

„Über mehrere Monate hinweg standen mir fast unbegrenzte Möglichkeiten zur Verfügung, um die verschiedenen Phänomene zu überprüfen, die in der Gegenwart dieser Dame auftreten. Ganz besonders habe ich die akustischen Phänomene untersucht … Es reicht offenbar schon, wenn sie ihre Hand auf einen Gegenstand legt, damit in diesem lauter dumpfe Töne vernehmbar werden, wie etwa ein dreifaches kurzes Klopfen. Manchmal ist es sogar so laut, daß man es noch mehrere Zimmer weiter hören kann. Ich habe diese Geräusche vernommen … vom Fußboden, von den Wänden ausgehend, während die Hände und Füße des Mediums festgehalten wurden, während sie auf einem Stuhl stand, während sie auf einer Schaukel saß, die an der Decke befestigt war, oder in einem Käfig eingesperrt war, und sogar, während sie ohnmächtig auf einem Sofa lag … Ich habe sie auf jede erdenkliche Weise getestet, bis ich mich der Überzeugung nicht mehr entziehen konnte, daß es sich um wirklich echte Phänomene handelt, die weder durch Tricks noch mechanische Hilfsmittel vorgetäuscht wurden."

Aber wie immer – nicht jeder war so restlos überzeugt. Von Anfang an hat es Skeptiker gegeben, die behauptet hatten, die Schwestern würden schwindeln. Es war ihnen jedoch nie gelungen, diese Behauptungen zu beweisen, noch gelang es ihnen, die Entstehung der Phänomene auf „normalem" Wege aufzuklären.